Miau, Miau, Miau

Katzengedichte
Katzenbilder
Katzengeschichten

Rowohlt

Zusammenstellung : Hans Georg Heepe
Farbiges Umschlagbild «Ausgestreckte Katze»
von Théophile-Alexandre Steinlen
Die Abbildung auf der Titelseite zeigt eine Katzenstudie
von Leonardo da Vinci

1. Auflage September 1979

Quellenangaben auf Seite 120
Gesamtherstellung Clausen & Bosse, Leck
ISBN 3 498 09678 8

Für Jean Luc,
Ernst von Salomons Kater,
der jeden Morgen
mit dem Verleger frühstückt
und ihn zu diesem Buch
angeregt hat.

E. T. A. Hoffmann

. . . die wunderbare Gabe
durch das einzige Wörtlein «Miau»
Freude, Schmerz, Wonne und
Entzücken, Angst und Verzweiflung,
kurz alle Empfindungen und Leiden-
schaften in ihren mannigfaltigsten
Abstufungen auszudrücken.
Was ist die Sprache der Menschen
gegen dieses einfachste aller
einfachen Mittel sich verständlich
zu machen!

Murr.
(Étudiant en belles lettres)

Inhalt

T.-A. Steinlen

T. S. Eliot
Wie heißen die Katzen

Wie heißen die Katzen? gehört zu den
kniffligsten Fragen
Und nicht in die Rätselecke für jumper-
strickende Damen.
Ich darf Ihnen, ganz im Vertrauen, sagen:
Eine jede Katze hat *drei verschiedene Namen.*
Zunächst den Namen für Hausgebrauch und
Familie,
Wie Paul oder Moritz (in ungefähr diesem
Rahmen),
Oder Max oder Peter oder auch Petersilie –
Kurz, lauter vernünft'ge, alltägliche Namen.
Oder, hübscher noch, Murr oder Fangemaus
Oder auch, nach den Mustern aus klassischen
Dramen:
Iphigenie, Orest oder Menelaus –
Also immer noch ziemlich vernünft'ge,
alltägliche Namen.
Doch nun zu dem nächsten Namen, dem zweiten:
Den muß man besonders und anders entwickeln.
Sonst könnten die Katzen nicht königlich
schreiten,
Noch gar mit erhobenem Schwanz perpendikeln.
Zu solchen Namen zählt beispielsweise
Schnurroaster, Tatzitus, Katzastrophal,
Kralline, Nick Kater und Kratzeleise –

Und jeden der Namen gibt's nur einmal.
Doch schließlich hat jede noch einen dritten!
Ihn kennt nur die Katze und gibt ihn nicht preis.
Da nützt kein Scharfsinn, da hilft kein Bitten.
Sie bleibt die einzige, die ihn weiß.
Sooft sie versunken, versonnen und
Verträumt vor sich hinstarrt, ihr Herren und Damen,
Hat's immer und immer den gleichen Grund:
Dann denkt sie und denkt sie an diesen Namen –
Den unaussprechlichen, unausgesprochenen,
Den ausgesprochenen unaussprechlichen,
Geheimnisvoll dritten Namen.

Deutsch von Erich Kästner

Alfred Polgar
Idyll

Im Hause sind zwei Kätzchen, drei Wochen alt. Ein schwarzes, ein licht- und dunkelgrau gestreiftes. Mitsammen haben sie in der hohlen Hand Platz. Das schwarze ist pechschwarz, teufelsschwarz, das graue hat weiß passepoilierte Ohren. Wenn man die Kätzchen hochhebt – und wer, der ihrer habhaft werden kann, täte das, mit vielerlei Tönchen des Entzückens, nicht? –, greinen sie in dünnerer Fistelstimme, als sie sonst irgendein Lebewesen hervorzubringen vermöchte. Mancher Besucherin muß man die Katzenkinder rasch wieder wegnehmen, weil sie sonst in Zärtlichkeit zerdrückt würden; es gibt auch kaum eine, die nicht den Wunsch sie zu zerdrükken äußern würde. Seit kurzem fangen die herzigen Bestien (selbst das Böse en miniature ist herzig) schon an, sich mit der Umwelt selbständig zu befassen und erste schüchterne Spielbeziehungen aufzunehmen. Sie berühren einander mit zaghaften Pfoten, und in dieser Geste läßt sich schon, keimhaft vorgebildet, die Figuration des Prankenhiebs erkennen. Das graue Kätzchen zappelt heftig, wenn man es faßt. Das schwarze duldet den zärtlichen Griff nach sehr kurzem, mehr formellem Widerstand. Es ist ein Weibchen. Die Mutterkatze gibt ihren Jungen in

T.-A. Steinlen

zwangloser Folge zu trinken und leckt sie sauber. Zuweilen verschleppt sie eines der Kinder unter den Diwan oder in die Küche zwischen Herd und Wand. Vermutlich eine Art Erziehungsmaßregel oder Strafe (‹in der Ecke stehen›). Darin erschöpft sich das Familienleben.
Im übrigen geht die Mutterkatze ihre eigenen Wege, die zumeist Jagdwege sind. Sie wird im Haus ‹die Alte› genannt, obschon sie selber erst vor acht Monaten geboren wurde. Noch nicht ein einziges Mal hat sie das volle Rund der Jahreszeiten durchgelebt, die Institution des Herbstes ist ihr noch fremd – und doch schon ‹die Alte›. Das Jagdglück ist ihr hold, kaum ein Tag, an dem sie nicht, stundenlang geduldig auf den günstigen Augenblick wartend, einen Vogel erwischt und abwürgt. Die kleinen Kätzchen sehen dem interessiert zu, lernen Raubtier. Peter, der Schäferhund, zählt vierzehn Jahre; er muß also, obschon noch recht gesund, bald sterben, die Natur wird ihm kaum noch groß prolongieren, sein Kapital an Erdenzeit ist so ziemlich aufgebraucht. Peter scheint das zu wissen und ist bestrebt, solange noch das Lämpchen glüht, ein Maximum an Fraß in sich hineinzukriegen. Die Katzen beschnüffelt er dann und wann, aber nur im Vorübergehen und mehr automatisch als zweckbewußt.
Dritte Tierspezies im idyllischen Verein ist ein Menschenkind, doppelt so alt – sechzehn Mona-

te – wie die Katze, die schon Kinder hat und schon mit Lust das Geschäft des Tötens betreibt. Das Menschenkind befindet sich tagsüber in einer Gehschule, einer Art Käfig ohne Decke, in dem es, betrunken von Neuheit des Daseins, herumtorkelt. Es hat Angst vor den Kätzchen und der Katze, hingegen keine vor Peter.
Inmitten der Menagerie – deren Warmblüterbestand man sich noch durch gelegentlich heranirrende Hühner und eine salatstechende Köchin Marie komplettiert denken muß – steht ein Streckfauteuil, und auf ihm ruht, einen Teller mit Butterbrot zur Seite, die Hausfrau, liest die Zeitung und unterbricht nur zuweilen ihre Lektüre, um mit einer Klapper aus Galalith dem Bedürfnis des Kindchens nach Zerstreuung und Beachtetwerden zu entsprechen. Das Kind, hört es die Klapper, greift ins Leere. Eine Aktion, die es im Verlauf seines hoffentlich langen Lebens noch oft wiederholen wird und mit gleichem selbstverständlichem Mißerfolg. Es wird schon sehen.

Das war im Sommer. Im frühen Herbst nahm das Idyll eine tragische Wendung. Vorzeichen kündeten sie an. Die Köchin Marie verließ den Dienst, um in ihrem heimatlichen Tal bei der Erntearbeit zu helfen. Aber in Wahrheit ging sie, weil sie Lieb im Leibe hatte und für den Anspruch, der solchen inneren Zustand begleitet,

soweit sie auch im Nahen suchte, keine Erfüllung fand. Sie nahm trockenen Abschied von Frau und Kindchen, aber tränenfeuchten von Hund und Katzen. Viele Wundspuren trug sie im Gesicht und an den Händen, Narben ihres Bedürfnisses nach Zärtlichkeit, das von den geliebkosten Tieren zuweilen ungeduldig abgelehnt worden war. Die Katzen, weicheren Regungen selten unterliegend und durch nichts zu bestechen, ihnen so gar nicht artgemäße Gefühle wie Freundschaft oder Anhänglichkeit auch nur zu markieren, nahmen den Weggang der Köchin in Gleichmut hin. Der Hund heulte bitterlich. Wenige Tage später starb er. Ob aus Kummer über die Trennung von Marie oder weil ihn das Leben ohne die Überfütterung, die sie ihm hatte zuteil werden lassen, nicht mehr freute, das steht dahin.
Kurz darauf ereignete sich das Unglück mit dem schwarzen Kätzchen. Es war ein besonderes Exemplar seiner Gattung, heiteren Gemüts, ein Raubtier nur aus ererbtem Muß, nicht aus Lust am Morden, und wenn es auch schon eifrig fing und tötete – es dachte sich (das merkte man) nicht viel dabei. Es lief und sprang einfach nach dem, das sich bewegte, nach Mäusen wie nach Wollknäueln, immer war alles nur Spiel, und daß die zartere Konstitution einer Maus solches Spiel um vieles schlechter verträgt als ein Wollknäuel, also dafür konnte die Katze nichts. Zum

Verhängnis aber wurde Betsy, so hieß sie, ihre wunderliche Leidenschaft für Glänzendes, Schimmerndes, Glitzerndes. Betsy jagte nach Sonnenflecken, die zwischen den Bäumen zitterten, und stundenlang ging sie, sinnlich erregt, um die gläserne Kugel im Blumenbeet herum, wie sonst Katzen nur um den heißen Brei. Ja, sie strebte zum Licht. Ist dies schon bei vernunftbegabten Lebewesen ein gefährliches Streben, das sich an ihnen rächt, beziehungsweise an ihnen gerächt wird . . ., um wieviel mehr bei solchem jeder geistigen Kontrolle entratendem Geschöpf, wie ein drei Monate altes Katzenkind es vorstellt. Eines strahlend schönen Herbsttages wurde die Gartenwiese gemäht, die Sense blitzte silbrig, und mit einem Sprung, der, Zeugen behaupten dies, etwas Ekstatisches gehabt haben soll, stürzte die Katze in das Funkelnde hinein. Da wurde einmal das Bild vom Tod mit der Sense Wirklichkeit.
Allen, die das schwarze Kätzchen kannten, wird die Nachricht von seinem jähen Hingang ein Wort des Bedauerns entlocken. Sein Leben war kurz, aber reich an Spaß und Freude, die es hatte und anderen machte. Segen der Anmut ruhte auf seiner Ruhe und seiner Bewegung. Wie es war, war es vollkommen, gab vieles, verlangte nichts. Und in den Gesichtern der Menschen, ihm zugewandt, verdämmerte die Bosheit.

Felix Valloton

Colette
Prrou

Als ich sie kennenlernte, wohnte sie in einem düsteren alten Garten, einem vergessenen Garten zwischen zwei Neubauten, schmal und lang wie eine Schublade. Sie ging nur nachts aus, denn sie fürchtete die Hunde und die Menschen, und dann wühlte sie in den Mülleimern. Wenn es regnete, schlüpfte sie hinter das Gitter eines Kellerfensters und drückte sich an die verstaubten Scheiben. Aber der Regen drang bald bis in ihre Zufluchtsstätte, und sie zog geduldig die Pfoten unter sich, die mageren Pfoten einer herrenlosen Katze, die fein und hart waren wie die eines Hasen.
So verharrte sie lange Stunden. Von Zeit zu Zeit hob sie die Augen gegen den Himmel oder gegen meinen hochgezogenen Fenstervorhang. Sie sah nicht bedauernswert und auch nicht verschreckt aus, denn ihr Elend war nicht die Folge eines unglücklichen Zufalls. Sie kannte mein Gesicht, aber sie bettelte nie. Aus ihrem Blick war nichts anderes zu lesen, als daß Hunger, Kälte und Nässe sie quälten und daß sie geduldig auf die Sonne wartete, die die verlassenen Tiere vorübergehend einschläfert und heilt.
Einige Male drang ich in den Garten ein, wobei ich mir zwischen den Brettern des alten Zaunes

den Rock zerriß. Die Katze floh nicht vor mir, aber sie entschlüpfte wie ein Aal, wenn ich sie berühren wollte. Nach meinem Abgang wartete sie heldenmütig darauf, daß der Luftzug in dem alten Garten meinen Geruch und den Widerhall meiner Schritte verwehe. Dann fraß sie das Fleisch, das ich neben das Kellerfenster gelegt hatte. Sie verriet ihre Gier nur durch ein Zucken des Halses und ein Zittern des Rückgrats.
Sie gab dem Schlafbedürfnis gesättigter Tiere nicht gleich nach, sondern versuchte erst, ein wenig Toilette zu machen. Ihr graues Kleid mit schwarzen Streifen, ein ärmliches, borstiges Kleid, war schwer in Ordnung zu bringen, denn wenn Katzen nichts zu fressen haben, mangelt es ihnen an Speichel und sie waschen sich auch nicht . . .

Es wurde Februar, und der umgitterte alte Garten sah aus wie ein Käfig voll kleiner Raubtiere. Kater aus den Kellern und von den Dachgiebeln, von den Müllhaufen, von wüsten Plätzen, Kater mit krummem Rücken und schäbigem Hals, verhungerte Kater ohne Ohren und Schwanz, fürchterliche Rivalen der Ratten, Kater der Krämer und Milchfrauen, fett und schwer und schnell außer Atem, schwarze Kater mit seidenem rotem Halsband, und weiße Kater mit blauem Perlenkollier . . .
Nachts hörte ich ihre Liebes- und Kampfgesän-

ge . . . Zarte, melodische Klagen zuerst, langgezogen, sanft und fern. Dann ein ironischer Ruf, die Herausforderung an den Rivalen. Und sofort darauf die Antwort in gleichem Ton. Dies, um ein endloses Zwiegespräch einzuleiten, begleitet von keiner anderen Mimik als dem Spiel der bald aufgestellten, bald zurückgelegten Ohren, der nun geschlossenen, nun wieder geöffneten Augen und des ausdrucksvoll drohenden Lächelns mit gefletschten Zähnen. Zwischen zwei Schreien immer wieder ein lautes Schnauben . . . Plötzlich ein unvorhergesehenes fürchterliches Crescendo, ein Röcheln, das Gemisch zweier rasender Stimmen in den Lüften, der Stimmen zweier Dämonen, die, von einem Wirbelsturm ergriffen, dahingerollt werden . . . Dann Stillschweigen. Der nächtliche Wind in dem kleinen Garten, das Geräusch von Krallen, die sich an einem Baumstamm festhaken, und nun der sanfte Gesang der Katze, der gleichgültigen, um derentwillen die Kater einander zerfleischt haben, die Stimme meiner mageren Katze, die ganz erschöpft ist von Liebe und Entkräftung . . .

Der tragische Sturm der Wollust ließ endlich nach. Ich sah die graue Katze wieder, ausgemergelt, glanzlos, scheuer denn je, beim leisesten Geräusch zusammenzuckend. In dem Sonnenstrahl, der mittags bis in den Grund des dunklen Gartens tauchte, schleppte sie sich dahin mit täglich schwerer werdenden Flanken, bis ich sie ei-

nes regnerischen Morgens entdeckte, wie sie erschöpft und fieberhaft fünf kräftige Kätzchen stillte, die gleich ihr auf nackter Erde geboren worden waren.
Ich hatte auf diese Stunde gewartet. Sie übrigens auch, denn ich brauchte die Kleinen nur in mein Kleid zu nehmen, und die Mutter folgte mir.

Sie heißt «Prrou» – beim Aussprechen des Namens rolle man die rr, bitte sehr. Sie hat uns nämlich ihren Namen gesagt. Sie schnurrt ihn den ganzen Tags rings um das schwarze Kätzchen, das wir ihr gelassen haben: «Prrou, prrou.»
Sie lebt in der Bretagne, auf der warmen Terrasse, am Rand der Wiese, die sich gegen den Strand hinzieht. Ihr Gebiet, das sie sich selbst abgegrenzt hat, reicht von der Terrasse bis zur blühenden Jasminhecke, hinter der sich eine Ziegelmauer verbirgt. Niemals geht sie weiter als bis zu den großen Linden, die mein Haus aus roten Backsteinen beschatten. Ob sie wohl weiß, daß unterhalb der Terrasse ein rastlos bewegtes Meer wogt, ein Meer von wechselnder Farbe, blau und grün im Sonnenschein, violett unter dem Gewitter, grau in der Morgendämmerung? Ich bezweifle es.
Unsere «Prrou» in ihrem bescheidenen Kleid, von der keiner etwas verlangt, hat es sich in den Kopf gesetzt, uns ein Vorbild der grauesten Tu-

genden zu sein. Sie ist sauber, sanft, demütig und erzieht ihren einzigen Sohn würdevoll. Sie kann noch mehr: sie macht uns etwas vor. Mit reizendem Takt und stets wacher Schlauheit spielt sie immer noch die arme Katze, «die so unglücklich gewesen ist». Fett und rund geworden, hat sie den Blick der hungrigen Katzen beibehalten. Die Köchin nennt sie «armes Tier».
Sie schläft nun auf einem weichen Kissen, doch stets in der fröstelnden Stellung einer, die im Freien nächtigt. Sie macht uns Platz, wenn wir an ihr vorüber wollen, doch auch wir weichen zurück, das Herz von Mitleid zerrissen, und flehen sie an, sich um Gottes willen nicht stören zu lassen. Es geschieht manchmal, daß ihr jemand ganz leicht auf die Pfoten oder auf das Schwanzende tritt. Dann stößt sie einen kurzen, rauhen Schrei aus, schnurrt aber gleich darauf stoisch, mit dem Ausdruck einer Märtyrerin, so daß wir zu klagen beginnen: «Armes Tier! daß dir auch das noch geschehen mußte, dir, die du so unglücklich gewesen bist!»
Vom niedrigsten Zweig einer Linde hängt an einem Bindfaden ein Kork herab und bewegt sich im Wind. Prrou belauert ihn, und manchmal stürzt sie verrückt, von Spiellust ergriffen, darauf los. Erblickt sie uns aber, so drückt ihr dreieckiges Gesichtchen sofort Entsagung und Bitterkeit aus: «Was tat ich? Zu welch leichtsinniger Handlung habe ich mich hinreißen lassen, ich,

die ich so unglücklich gewesen bin? Solche Spiele passen nicht zu meiner gesellschaftlichen Stellung. Ach, fast hätte ich es vergessen!»
Ihren schlecht gekämmten und teuflisch schwarzen Sohn behütet sie mit leidenschaftlicher Zärtlichkeit, liebkost ihn und flüstert ihm unzählige Male das einzige Wort zu, das sie sagen kann: Prrou, prrou . . . Sind wir jedoch in der Nähe, setzt sie eine strenge Miene auf und verabfolgt ihm beim geringsten Anlaß ein Dutzend heftiger Ohrfeigen –: «So muß ein armes Findelkind erzogen werden!»
Bewundert, bitte, gleich mir die durchtriebene Prrou. Seht nur, wie ihr kurzhaariges Kleid die Farbe einer grauen Schnecke oder eines Nachtfalters nachahmt. Ein dreireihiges schwarzes Kollier ziert ihre Brust, der schlichte Schmuck einer würdigen Gouvernante. Schwarz sind auch die Armbänder an ihren feinen Pfoten, ebenso die doppelte Reihe regelmäßig verteilter Flecken, durch die das strenge Kleid am Bauch zugeknöpft zu sein scheint. Prrou ist trefflich gekleidet oder, richtiger gesagt, sie ist verkleidet.
Ihre Haltung ist so bescheiden, ihr Fell so schlicht gefärbt, daß ihr vielleicht gar nicht bemerkt habt, wie hart und grausam ihr Schädel ist, wie bedrohlich ihre kräftigen Pfoten, in denen sich gebogene Krallen verbergen, wohlgepflegt und kampfbereit, wie breit ihre Brust, wie

beweglich ihre Lenden, kurz, daß ihr nichts von der verborgenen Schönheit dieses kraftvollen Tieres ahnt, das für Liebe und Kampf geschaffen ist . . .

Deutsch von Erna Redtenbacher
und Helene M. Reiff

T.-A. Steinlen

Joachim Ringelnatz
Schöne Fraun und Katzen

Schöne Fraun und Katzen pflegen
Häufig Freundschaft, wenn sie gleich sind,
Weil sie weich sind
Und mit Grazie sich bewegen.

Weil sie leise sich verstehen,
Weil sie selber leise gehen,
Alles Plumpe oder Laute
Fliehen und als wohlgebaute
Wesen stets ein schönes Bild sind.

Unter sich sind sie Vertraute,
Sie, die sonst unbezähmbar wild sind.

Fell wie Samt und Haar wie Seide.
Allverwöhnt. – Man meint, daß beide
Sich nach nichts, als danach sehnen,
Sich auf Sofas schön zu dehnen.

Schöne Fraun mit schönen Katzen,
Wem von ihnen man dann schmeichelt,
Wen von ihnen man gar streichelt,
Stets riskiert man, daß sie kratzen.

Denn sie haben meistens Mucken,
Die zuletzt uns andre jucken.
Weiß man recht, ob sie im Hellen
Echt sind oder sich verstellen?

Weiß man, wenn sie tief sich ducken,
Ob das nicht zum Sprung geschieht?

Aber abends, nachts, im Dunkeln,
Wenn dann ihre Augen funkeln,
Weiß man alles oder flieht
Vor den Funken, die sie stieben.

Doch man soll nicht Fraun, die ihre
Schönen Katzen wirklich lieben,
Menschen überhaupt, die Tiere
Lieben, dieserhalb verdammen.
Auch wer weder Katz noch Frau
Schätzt, wird Katzen gern mit Frauen
Wenn sie beide schön sind, schauen.

Doch begegnen Ringelnatzen
Häßlich alte Fraun mit Katzen,
Geht er schnell drei Schritt zurück.
Denn er sagt: Das bringt kein Glück.

Paul Verlaine
Katzen

Weißes Händchen und weißes Tätzchen,
Und keines von beiden die Krallen zeigt –
Reizendes Weib und reizendes Kätzchen
Necken sich, wenn der Tag sich neigt.

Können weiße Finger auch kratzen?
Rosige Nägel sind spitz! Und sacht
Werden vier scharfe Krallentatzen
Aus weichen Sammetpfötchen gemacht.

Wie nur die weißen Pfoten schön heucheln
Können! Doch während sie tückisch schmeicheln,
Wedelt der Teufel schon mit dem Schwanz –

Und im Boudoir sieht man im Dunkeln
Wie von Schwefel und von Phosphorglanz
Vier Augen aufeinander funkeln.

Deutsch von W. Graf Kalckreuth

Ernest Hemingway
Katze im Regen

Im Hotel wohnten nur zwei Amerikaner. Von all den Leuten, die ihnen auf ihrem Weg in ihr Zimmer auf der Treppe begegneten, kannten sie niemanden. Ihr Zimmer war in der zweiten Etage mit dem Blick aufs Meer und auch auf die öffentlichen Anlagen und das Kriegerdenkmal. In den öffentlichen Anlagen gab es große Palmen und grüne Bänke. Bei gutem Wetter war da immer auch ein Maler mit seiner Staffelei. Maler mochten die Art, wie die Palmen wuchsen, und die leuchtenden Farben der Hotels, die den Gärten und dem Meer gegenüberlagen. Italiener kamen von weit her, um an dem Kriegerdenkmal emporzusehen. Es war aus Bronze und glänzte im Regen. Es regnete. Der Regen tropfte von den Palmen. Wasser stand in Pfützen auf den Kieswegen. Das Meer durchbrach in einer langen Linie den Regen, glitt über den Strand zurück und kam herauf, um sich wieder in einer langen Linie im Regen zu brechen. Die Autos waren von dem Platz beim Kriegerdenkmal verschwunden. Auf der Schwelle eines gegenüberliegenden Cafés stand ein Kellner und blickte über den leeren Platz.

Die junge Amerikanerin stand am Fenster und sah hinaus. Gerade unter ihrem Fenster hockte

eine Katze unter einem der von Regen triefenden Tische. Die Katze suchte sich so zusammenzuballen, daß es nicht auf sie tropfen konnte.
«Ich geh runter und hole das Kätzchen», sagte die junge Amerikanerin.
«Ich werd's machen», erbot sich ihr Mann vom Bett her.
«Nein, ich hol's. Das arme Kätzchen da draußen; was es sich anstrengt, um unter dem Tisch trokken zu bleiben.»
Ihr Mann las weiter; er lag am Fußende des Bettes auf die zwei Kopfkissen gestützt.
«Werd nicht naß», sagte er.
Seine Frau ging hinunter, und der Hotelbesitzer stand auf und verbeugte sich, als sie am Büro vorbeikam. Sein Pult stand ganz hinten im Büro. Er war ein alter und sehr großer Mann.
«Il piove», sagte die Frau. Sie mochte den Hotelbesitzer.
«Si, si, Signora, brutto tempo. Es ist sehr schlechtes Wetter.»
Er stand hinter seinem Pult in der Tiefe des dämmerigen Zimmers. Die Frau mochte ihn. Sie mochte die todernste Art, mit der er alle Beschwerden entgegennahm. Sie mochte seine Würde. Sie mochte die Art, wie er ihr gegenüber immer dienstbereit war. Sie mochte, wie er sich als Hotelbesitzer fühlte. Sie mochte sein altes, schweres Gesicht und seine großen Hände.
Sie mochte ihn, machte die Tür auf und sah hin-

Paul Cezanne

aus. Es regnete stärker. Ein Mann in einem Gummicape überquerte den leeren Platz zum Café. Rechts um die Ecke mußte die Katze sein. Vielleicht konnte sie unter der Dachtraufe trokken bis dahin gelangen. Während sie auf der Schwelle stand, öffnete sich hinter ihr ein Regenschirm. Es war das Mädchen, das ihr Zimmer aufräumte.
«Sie sollen nicht naß werden», sagte sie lächelnd auf italienisch. Natürlich hatte sie der Hotelbesitzer geschickt.
Das Mädchen hielt den Schirm über sie, während sie auf dem Kiesweg unter ihr Fenster ging. Der Tisch stand da, vom Regen hellgrün gewaschen, aber die Katze war fort. Sie war plötzlich enttäuscht. Das Mädchen sah fragend zu ihr auf.
«Ha perduto qualque cosa, Signora?»
«Da war eine Katze», sagte die junge Amerikanerin.
«Eine Katze?»
«Si, il gatto.»
«Eine Katze?» lachte das Mädchen. «Eine Katze im Regen?»
«Ja», sagte sie, «unterm Tisch», und dann: «Ach, ich wollte sie so gern haben. Ich wollte so gern ein Kätzchen haben.»
Als sie Englisch sprach, nahm das Gesicht des Zimmermädchens einen verschlossenen Ausdruck an.

«Kommen Sie, Signora», sagte sie, «wir müssen wieder hinein, Sie werden sonst naß.»
«Vermutlich», sagte die junge Amerikanerin.
Sie gingen den Kiesweg zurück und überschritten die Schwelle. Das Mädchen blieb draußen, um den Schirm zuzumachen. Als die junge Amerikanerin an dem Büro vorbeiging, verbeugte sich der Padrone hinter seinem Pult. Sie fühlte sich innerlich irgendwie sehr klein und wie zugeschnürt. Beim Anblick des Padrone fühlte sie sich sehr klein und gleichzeitig wirklich wichtig. Einen Augenblick hatte sie ein Gefühl von höchster Wichtigkeit. Sie ging weiter, die Treppe hinauf. Sie öffnete die Zimmertür. George lag lesend auf dem Bett.
«Hast du die Katze?» fragte er und legte das Buch hin.
«Sie war weg.»
«Wo sie wohl hin sein mag?» sagte er, während er seine Augen vom Lesen ausruhte.
Sie setzte sich aufs Bett.
«Ich wollte sie so furchtbar gern haben», sagte sie. «Ich weiß eigentlich gar nicht, warum ich sie so gern haben wollte. Ich wollte das arme Kätzchen haben. Es ist kein Spaß, ein armes Kätzchen draußen im Regen zu sein.»
George las wieder.
Sie ging hinüber, setzte sich vor den Spiegel ihres Toilettentischs und besah sich in ihrem Handspiegel. Sie besah sich prüfend ihr Profil,

erst eine Seite, dann die andere. Dann betrachtete sie ihren Hinterkopf und ihren Nacken.
«Was meinst du, wäre es nicht eine gute Idee, wenn ich meine Haare wachsen ließe?» fragte sie und besah sich nochmals ihr Profil.
George blickte auf und sah ihren Nacken, der wie bei einem Jungen ausrasiert war.
«Ich mag es so, wie es ist.»
«Ach, ich hab's so über», sagte sie. «Ich hab's so über, wie ein Junge auszusehen.»
George veränderte seine Lage auf dem Bett. Er hatte, seitdem sie redete, nicht von ihr weggesehen.
«Du siehst ganz verteufelt hübsch aus», sagte er.
Sie legte den Spiegel auf den Toilettentisch, ging zum Fenster hinüber und sah hinaus. Es wurde dunkel.
«Ich möchte meine Haare ganz straff und glatt nach hinten ziehen und hinten einen schweren Knoten machen, den ich wirklich fühlen kann», sagte sie. «Und ich möchte ein Kätzchen haben, das auf meinem Schoß sitzt und schnurrt, wenn ich es streichle.»
«Wahrhaftig?» sagte George vom Bett her.
«Und ich will an meinem eigenen Tisch mit meinem eigenen Besteck essen, und ich will Kerzen. Und ich will, daß es Frühling ist, und ich will mein Haar vor dem Spiegel richtig bürsten können, und ich will ein Kätzchen haben, und ich will ein paar neue Kleider haben.»

«Nun hör schon auf und nimm dir was zu lesen», sagte George. Er las wieder.
Seine Frau sah aus dem Fenster. Draußen war es jetzt ganz dunkel, und es regnete immer noch in den Palmen.
«Auf jeden Fall will ich eine Katze haben», sagte sie. «Ich will eine Katze haben. Ich will sofort eine Katze haben. Wenn ich keine langen Haare oder sonst ein bißchen Spaß haben kann, eine Katze kann ich haben.»
George hörte nicht zu. Er las sein Buch. Seine Frau sah aus dem Fenster auf den Platz, wo die Laternen jetzt angezündet waren.
Jemand klopfte an die Tür.
«Avanti», sagte George. Er sah von seinem Buch auf.
In der Tür stand das Zimmermädchen. Sie hielt eine große, schildpattfarbene Katze eng an sich gepreßt, die an ihrem Körper herunterhing.
«Verzeihung», sagte sie. «Der Padrone sagte, ich soll dies der Signora bringen.»

Deutsch von Annemarie Horschitz-Horst

Gottfried Mind

Kurt Tucholsky
Die Katz

Neulich saß ich vor dem kleinen Theaterchen Ambassadeurs in den Champs-Élysées, unter grünen Bäumen. Um meine Bank strich mehrere Male eine große, gut genährte Katze, grau mit schwarzen Flecken. Wir kamen so ins Gespräch – sie fragte mich, wieviel Uhr es sei –, und da stellte sich heraus, daß sie aus Insterburg stammte. Nun kenne ich Insterburg sehr genau – ich habe da seinerzeit gedient –, und wir waren gleich im richtigen Fahrwasser. Sie kannte erstaunlich viele Leute, und wir hatten auch gemeinsame Bekannte: eine Verwandte von ihr war bei meinem Feldwebel Lemke Katze gewesen, sie wußte gut Bescheid. Meine Stammkneipe kannte sie und das Theater und die Kaserne und alle möglichen Orte. Ja, es ist sogar möglich, daß wir uns einmal gesehen hatten, im Schützenhaus zu Palmnicken, aber da hatte ich natürlich nicht so darauf geachtet. Wie es ihr denn so in Paris gefiele, fragte ich sie.

«Näi, hier jefällts mir nich!» sagte sie. «Ich wäiß nich, die Leite sinn ja soweit janz natt – aber, wissen Se, mit die Verfläijung, das is doch nichts. Ja. 's jibbt ja Fläisch un so – aber Fischkeppe – wissen Se – son richtichen Kopp von dem Zanderchen oder Hachtchen – das hätt ich

doch jar zu jern mal jajassen. Aber: Pustekuchen!» Das fand ich auch sehr bedauerlich.
«Gott, man erlebt ja allerhand hiä», sagte die Katze. «Da haben se mich nailich einem alten Madamche ins Bett jestochen, wissen Se, die konnt keine Katzen läiden. Erbarmung! hat se jebrillt. Ei, seht doch! seht doch! hat se immer jerufen – das heißt, ich denk mä das so – denn sie hat ja franzeesch jebrillt. Dabei hab ich se nuscht jetan! Und se hat all immer jemacht: ‹Pusch! Pusch! Willste da raus!› – Aber ich bin ruhig liegen jeblieben, wissen Se – und da hat se mit all ihre Koddern aufn Pianino jeschlafen – ja. Und am friehen Morjen hat se mer denn ein Tellerche Schmant hinjehalten, das hab ich auch jenommen, und denn bin ich los. Es war ne janz nette Frau soweit. Se war all janz bedammelt von den Unjlik.» Aha. Und diese große Schramme da über dem Auge? was wäre denn dies?
«I», sagte die Katze, «da hat mir neulich son Kater anjesprochen – aber ich wollt nich – wissen Se, ich wer mer doch mit die franzeeschen Kater nich abjehm! De Frau in Insterburch hat auch immer jesacht, mehr als dräimal im Jahr soll ne ordentliche Katze nich – na, und meine Portion war all voll. Ja – ich wollt eben nich. Da hat mir doch das Biest anjesprungen! Was sagen Se –! Ich hab ’n aber ordentlich äine jelangt – sobald jeht der an käine ostpräische Katz mer ran, der Lorbas!»

«Kinder haben Sie also auch?» fragte ich. «Ja», sagte sie. «Es sinn alles orntliche Katzen jeworn – bis auf äine. Die streicht da aufn Monmartä rum bei die Franzosen –, und wenn mal 'n Tanzvergniejen ist, denn macht se sich an die Fremden ran. Näilich dacht ich: I, dacht ich, wirst mal hinjehn, sehn, was se da macht. Wissen Se – ich hab mir rein die Augen ausn Kopp jeschämt – lauter halbnackte Marjellen – und meine Tochter immer dabäi! Sone Krät –! Ich sach: ‹Was machst du denn hier?› sach ich. Se sagt: ‹Ah – Mama!› und denn redt se doch franzeesch mit mir! mit die äijene Mutter –! Ich sach: ‹Schabber nich so dammlich!› sach ich und jeb ihr eins mit de Pfot. Da haben se uns rausjeschmissen ausm Lokal, alle bäide – und draußen auf de Straß wollt ich mer nich mit se hinstellen. Und – rietz! war se denn auch jläich wech. Ach, wissen Se, heutzutach, mit die Kindä . . .!» ja, da konnte ich nur zustimmen. Na – und sonst? Paris und so?

«Manchmal», sagte die Katz, «krie ich doch mächtig Heimweh. Kenn Se Keenichsbarch? Das is ne Stadt – wissen Se – da kann Paris jahnich mit. Da war ich mal auf Besuch – man is ja in de Welt rumjekomm, Gott sei Dank – und da war ich bei de Frau Schulz. Kenn Se die? Die Mutter von Lottchen Schulz, die immer so brillt? De Tochter hat jetzt jehäirat.» Halt! Lottchen Schulz kannte ich. Diese etwas bejahrte, schielende und hinkende Dame hatte geheiratet? Ich äußerte Be-

denken. «Och», sagte die Katze, «sehn Se mal: Nu hat se doch das lahme Bein, und ordentlich gucken kann se auch nicht mehr – was soll se–!» Dagen war nichts einzuwenden – Heirat schien in solchem Fall das beste. «Ja, da war ich auf Besuch», fuhr die Katze fort, «ach, wenn ich daran noch denk! Inne Ofeneck saßen die bäiden Jungens Schulz und schlabberten ein Tulpchen Biä nachn andern, de Frau trank Kaffee, und ich kriecht ab un zu 'n Stickche Spack – aber, wissen Se, son richtchen, ostpräißschen Kernspack – nich wie hier! Ja. Nur äin Malhör is mich in Keenichsbarch passiert: ich bin da in den Hiehnerstall jejangen und hab da jefriehstickt, und nachher hab ich es all jemerkt: alle die kläinen Kaichel, die hatten dem Pips! Dräi Tach war mir janz iebel!»
Eine feine Dame ging vorüber und sagte zu ihrer Begleiterin: *«Vous savez, il n'y à que des étrangers à Paris!»* Die Katze sagte:
«Wissen Se, hier mit die Katzen, da versteh ich mir janich! Se sind auch so janz anders als bäi uns – manche sind direkt kindisch – wissen Se . . .! Na, denn wer ich man bißchen jehn, auf Mäise . . .!»
Und lief seitwärts, in die Büsche. Ich wollte noch etwas sagen, sie nach ihrer Adresse fragen –, aber sie war schon weg. Und ich stand noch lange vor dem Busch und, ohne daran zu denken, daß es ja eine Katze war, rief ich: «Landsmann! Landsmann!» – Aber es antwortete keiner. Wir haben uns nicht mehr wiedergesehen.

Axel Eggebrecht
Derby

Colonia Rivadavia, Argentinien, hat zweitausend Einwohner. Sie stellen Fleischextrakt her und abends langweilen sie sich. In London leben acht Millionen. Sie haben wohl fünftausend verschiedene Berufe, aber abends langweilen sie sich auch. Dann gehen sie zum Rennen. Pferde vor Sulkys und Windhunde hinterm elektrischen Hasen rasen um die Wette, und darauf kann man wetten.
In Colonia Rivadavia gibt's dergleichen nicht. Ein smarter Mann dort beschloß, zur Behebung der Langeweile ein Katzenrennen [hinter vorausrollenden künstlichen Mäusen] zu veranstalten. So viel war ihm immerhin klar: Katzen lassen sich nicht wie Whippets abrichten. So spannte er Drähte über eine Wiese, hundert Meter lang, die Katzen bekamen ein Halsband um, das durch eine Schnur mit den Drähten verbunden wurde. Und nun sollten die guten Leute auf den Katzenderbysieger wetten.
Es gab keinen. Denn als der Startschuß fiel und die Boxen geöffnet wurden, spazierten die Renner gemächlich hervor, blickten sich empört und ablehnend um und legten sich, da sie nicht weglaufen konnten, mißmutig ins Gras. Von der kunstvollen Mäuse-Apparatur nahm keine von ihnen auch nur Kenntnis.

Olaf Gulbransson

Ein einziger, pechschwarzer Kater schlenderte die Strecke entlang. Schon sah Señor José seinen Favoriten als Sieger. Aber auch er wurde enttäuscht. Nach einer Zeit von sechs Minuten siebzehn Sekunden machte der Rappe unmittelbar vor dem Ziel halt und legte sich schlafen.
Die Wetten wurden wohl zurückgezahlt.

Rolf Sellin
Die Katzen lieben Chopin

Die Katzen lieben Chopin
wenn meine Schwester
die Mazurkas spielt,
sitzen sie auf dem Flügel
und sehen verträumt
in die Saiten.
Die Filzhämmer
– dicke Mäuseohren.

Saki
Tobermory

Es war der kühle, regenverwaschene Nachmittag eines der letzten Augusttage – in jener nichtssagenden Jahreszeit also, in der die Rebhühner sich noch in Sicherheit oder in den Kühlhäusern befinden und es nichts zu jagen gibt. Ohne Ausnahme hatten sich die Gäste von Lady Blemleys Hausparty um den Tisch versammelt. Trotz der Öde der Jahreszeit und der Alltäglichkeit dieses Ereignisses deutete nichts auf jene schwelende Unruhe hin, die gleichbedeutend ist mit der Furcht vor einem Klavierkonzert oder einer beherrschten Sehnsucht nach einer Partie Bridge. Die unverhüllte, durch nichts verborgene Aufmerksamkeit der Anwesenden konzentrierte sich vielmehr auf die anspruchslose, unscheinbare Persönlichkeit des Mr. Cornelius Appin. Von allen Gästen Lady Blemleys war er der einzige, der in keinem festumrissenen Ruf stand. Irgend jemand hatte einmal erwähnt, daß Appin ‹klug› sei, und so schickte man ihm eine Einladung in der unausgesprochenen Erwartung – zumindest von seiten der Gastgeberin –, daß er wenigstens einen Teil seiner Klugheit zu der allgemeinen Unterhaltung beisteuern würde. Bisher hatte Lady Blemley jedoch nicht feststellen können, in welcher Richtung sich seine Klugheit – wenn überhaupt – bewegte. Weder war er witzig, noch spielte er auffallend gut Krocket; weder verfügte er über hypnotische Fähigkeiten, noch hatte er jemals eine Amateuraufführung inszeniert. Auch sein Äußeres deutete nicht auf einen jener Männer hin, denen die Frauen ein erhebliches Maß an mangelndem Geist nachsehen. Er war zu einem bloßen ‹Mr. Appin› hinabgesunken, und ‹Cornelius› schien nichts als eine durchsichtige Täuschung zu sein, die man bei seiner Taufe begangen hatte.

Jetzt aber behauptete er plötzlich, der Welt eine Entdeckung geschenkt zu haben, neben der die Erfindung des Schießpulvers, der Druckerpresse oder der Dampfmaschine belanglose Lappalien seien. Die Wissenschaft habe zwar im Verlauf der letzten Jahrzehnte atemberaubende Fortschritte auf allen Gebieten gemacht – seine Entdeckung schien jedoch eher auf dem Gebiet der Wunder als auf dem der Wissenschaft zu liegen.

«Und wir sollen Ihnen also glauben», sagte Sir Wilfried gerade, «daß Sie eine Möglichkeit gefunden haben, den Tieren die Kunst der menschlichen Sprache beizubringen, und daß sich der liebe alte Tobermory als Ihr erster erfolgreicher Schüler entpuppt hat?»

«Während der letzten siebzehn Jahre habe ich an diesem Problem gearbeitet», sagte Mr. Appin. «Aber erst während der letzten acht oder neun

Monate bin ich mit den Andeutungen eines Erfolges belohnt worden. Bis dahin hatte ich natürlich schon mit Tausenden von Tieren experimentiert – zuletzt jedoch ausschließlich mit Katzen, diesen wundervollen Geschöpfen, die sich in phantastischer Weise unserer Zivilisation angepaßt haben, ohne dabei ihren hochentwickelten Raubtierinstinkt aufzugeben. Hin und wieder stößt man bei Katzen auf einen überragenden Intellekt – genauso wie bei der Masse der menschlichen Geschöpfe; und als ich vor einer Woche die Bekanntschaft Tobermorys machte, merkte ich sofort, daß ich einer ‹Über-Katze› von ungewöhnlicher Intelligenz gegenüberstand. Bei meinen letzten Versuchen war ich dem Erfolg ein großes Stück näher gekommen; bei Tobermory – wie Sie ihn nennen – habe ich jedoch mein Ziel erreicht.»
Mr. Appin beschloß seine bemerkenswerten Ausführungen in dem spürbaren Bemühen, seinen Triumph nicht laut werden zu lassen. Keiner der Anwesenden murmelte «Unsinn», obgleich Clovis' Lippen ein zweisilbiges Wort formten, das diesem nagenden Unglauben vermutlich entsprach.
«Damit wollen Sie also sagen, daß Tobermory jetzt in der Lage ist, zu sprechen und einfache Sätze aus einsilbigen Wörtern zu verstehen?» meinte Miss Resker nach einer kurzen Stille.

«Meine liebe Miss Resker», erwiderte der Wundermann geduldig, «in der von Ihnen erwähnten Form unterrichtet man kleine Kinder, Wilde und geistig zurückgebliebene Erwachsene. Wenn man jedoch erst einmal das Problem gelöst hat, bei einem Tier mit sehr hoch entwickelter Intelligenz den Anfang zu finden, braucht man diese ermüdende Methode nicht mehr. Tobermory ist in der Lage, unsere Sprache völlig korrekt zu sprechen.»

In diesem Augenblick sagte Clovis deutlich vernehmbar: «Wahnsinn!» Sir Wilfrid war zwar höflicher, jedoch nicht weniger skeptisch.

«Vielleicht ist es am besten, wir lassen Tobermory hereinholen und bilden uns dann selbst ein Urteil?» schlug Lady Blemley vor.

Sir Wilfrid begab sich auf die Suche nach dem Tier, und die übrigen lehnten sich bequem und in der anspruchslosen Erwartung zurück, Zeugen eines mehr oder weniger geschickten Bauchrednertricks zu werden.

Nur Sekunden später stand Sir Wilfrid wieder in der Tür; trotz der Bräune war sein Gesicht blaß, und in den Augen spiegelte sich seine Aufregung wider. «Bei Gott – es ist wahr!»

Seine Erschütterung war echt, und seine Zuhörer waren auf einmal hellwach und blickten ihn gespannt an.

Sir Wilfrid ließ sich in einen Sessel fallen; das Erlebnis hatte ihm fast den Atem verschlagen. «Er war im Rauchzimmer und schlief. Ich rief ihm zu, er solle zum Tee kommen. Wie üblich blinzelte er mich an, und ich sagte: ‹Los, Toby – wir haben keine Lust zu warten!› Und bei Gott – mit einer entsetzlich natürlichen Stimme erwiderte er daraufhin, daß er käme, wenn es ihm paßte! Mich hat es fast umgeworfen!»

Appin hatte vor völlig ungläubigen Zuhörern gepredigt; Sir Wilfrids Feststellung überzeugte jedoch sofort. Ein Durcheinander verwirrter, aufgeregter Stimmen erhob sich, in dem der Wissenschaftler schweigend in seinem Sessel saß und die ersten Früchte seiner erstaunlichen Entdeckung genoß.

Dann betrat Tobermory den Raum; auf seinen Sammetpfoten schritt er mit betonter Gleichgültigkeit zu der Gruppe, die um den Teetisch saß.

Alle Anwesenden waren plötzlich verlegen und befangen; niemand wagte es, eine Hauskatze anzusprechen, deren geistige Fähigkeiten denen der Anwesenden ebenbürtig waren.

«Möchtest du etwas Milch haben?» fragte Lady Blemley schließlich mit ziemlich aufgeregter Stimme.

«Meinetwegen», lautete die Antwort, die in einem völlig gleichgültigen Ton gesprochen wurde. Ein Schauer unterdrückter Aufregung überlief die Zuhörer, und Lady Blemley goß die Milch mit bebender Hand in die kleine Schüssel. Aber das war verständlich.

Pierre Bonnard

«Ich glaube, ich habe etwas danebengegossen», sagte sie entschuldigend.
«Schließlich gehört der Teppich nicht mir», erwiderte Tobermory nur.
Wieder senkte sich ein Schweigen über die Anwesenden. Schließlich fragte Miss Resker mit ihrem hochmütigsten Gesicht, ob die menschliche Sprache schwer zu erlernen sei. Tobermory sah sie einen Augenblick aufmerksam an und senkte dann vorwurfsvoll den Blick, damit zeigte er deutlich, daß er nicht geneigt war, auf derartig einfältige Fragen einzugehen.
«Was hältst du von der menschlichen Intelligenz?» fragte Mavis Pellington schüchtern.
«Wessen Intelligenz meinen Sie im besonderen?» fragte Tobermory kühl.
«Zum Beispiel – zum Beispiel meine», sagte Mavis und lachte dabei verlegen.
«Damit bringen Sie mich in eine peinliche Situation», sagte Tobermory, dessen Ton und Benehmen jedoch keinerlei Peinlichkeit verrieten. «Als Ihr Name im Zusammenhang mit den Einladungen zu dieser Party genannt wurde, erhob Sir Wilfrid Einspruch, weil Sie die dümmste Frau seines ganzen Bekanntenkreises seien und weil zwischen Gastfreundschaft und der Wohltätigkeit für geistig Minderbemittelte ein erheblicher Unterschied bestehe. Lady Blemley erwiderte darauf, daß Ihr mangelnder Verstand doch gerade der Grund zu der Einladung sei, da Sie – Lady

Blemleys Ansicht nach – der einzige in Frage kommende Mensch wären, der ihren alten Wagen kaufen würde. Sie kennen den Wagen doch, nicht wahr? Man nennt ihn hier den ‹Neid des Sisyphos›, weil er jede Steigung sehr flott nimmt, wenn man ihn schiebt.»
Lady Blemleys Protest wäre erheblich wirkungsvoller gewesen, wenn sie nicht am gleichen Morgen – ganz nebenbei – zu Mavis gesagt hätte, daß der fragliche Wagen genau das richtige für sie sei, da sie schließlich in dem hügeligen Gebiet von Devonshire wohne.
Um von diesem Thema abzulenken, stürzte Major Barfield sich in das Gespräch.
«Was ist eigentlich mit der gefleckten Stallkatze, mit der du dich dauernd herumtreibst? Antwort!»
Jeder der Anwesenden merkte im gleichen Augenblick, daß diese Frage ein großer Fehler war.
«Normalerweise redet man vor anderen nicht über dararartige Dinge», erwiderte Tobermory kalt. «Nach allem, was Sie sich seit Ihrer Ankunft in diesem Hause geleistet haben, würde es Ihnen aller Wahrscheinlichkeit nach auch nicht passen, wenn ich die Unterhaltung auf Ihre eigenen Affären brächte.»
Die Unruhe, die diese Worte auslösten, beschränkte sich nicht nur auf den Major.
«Könntest du vielleicht in der Küche nachfragen,

ob dein Essen schon fertig ist?» schlug Lady Blemley sofort vor und versuchte damit die Tatsache zu übersehen, daß es bis zu Tobermorys Abendbrot mindestens noch zwei Stunden dauern würde.

«Nein, danke», sagte Tobermory, «das hat noch Zeit. Ich möchte nicht an einer Magenverstimmung sterben.»

«Du weißt doch, daß Katzen neun Leben haben», meinte Sir Wilfrid nachdrücklich.

«Möglich ist es», erwiderte Tobermory. «Aber sie haben nur eine Leber.»

«Adelaide!» warf Mrs. Cornett ein. «Willst du diese Katze etwa noch dazu ermuntern, draußen mit dem Personal über uns zu lästern?»

Das Entsetzen hatte inzwischen alle Anwesenden ergriffen. Vor den meisten Schlafzimmerfenstern lief nämlich eine schmale, mit Ornamenten verzierte Balustrade entlang, und man erinnerte sich auf einmal, daß sie zu jeder Zeit Tobermorys Lieblingsaufenthalt war, von dem aus er die Tauben beobachtete – und der Himmel allein wußte, wen noch! Mrs. Cornett, die einen erheblichen Teil ihrer Zeit vor dem Toilettenspiegel verbrachte und der man ein nomadenhaftes, wenn auch pünktliches Wesen nachsagte, machte einen genauso unruhigen Eindruck wie der Major. Sollte Tobermory in seiner offenen Art sich einiger Dinge erinnern, würde die Wirkung mehr als nur verwirrend sein. Miss Scrawen, die ausgesprochen sinnliche Gedichte verfaßte und ein makelloses Leben führte, zeigte nur Entsetzen; wenn man in persönlichen Dingen systematisch und tugendsam vorgeht, hat man nicht unbedingt das Verlangen, daß alle Welt es erfährt. Bertie van Than, der schon mit siebzehn Jahren so verdorben war, daß er bereits vor einiger Zeit den Wunsch, noch schlimmer zu werden, fallengelassen hatte, verfärbte sich und wurde kalkweiß; immerhin beging er nicht den Fehler, den Raum überstürzt zu verlassen – wie Odo Finsberry, ein junger Mann, der Theologie studierte und den der Gedanke, in die Skandale anderer Menschen eingeweiht zu werden, völlig verwirrte. Clovis besaß die Geistesgegenwart, äußerlich völlig unbeteiligt zu wirken. Er überschlug in Gedanken, wie lange es dauern würde, sich irgendwoher eine Kiste mit besonders zarten Mäusen schicken zu lassen – als eine Art Schweigegeld.

Selbst in dieser heiklen Situation konnte Agnes Resker es nicht ertragen, längere Zeit im Hintergrund stehen zu müssen.

«Warum bin ich nur hierhergekommen?» rief sie dramatisch aus.

Tobermory ergriff sofort die Gelegenheit.

«Nach allem, was Sie gestern Mrs. Cornett gegenüber während des Krocketspiels äußerten, sind Sie wegen des ausgezeichneten Essens gekommen. Von den Blemleys sagten Sie, sie seien die langweiligsten Menschen, die Sie kennten; dann meinten Sie jedoch, daß die Blemleys immerhin so klug gewesen seien, sich einen ausgezeichneten Koch zu halten – sonst wäre es Ihrer Ansicht nach auch kaum vorstellbar, daß irgendein Gast zum zweitenmal hierherkäme.»

«Nicht ein einziges Wort davon ist wahr! Mrs. Cornett ist mein Zeuge . . .»

«Mrs. Cornett wiederholte Ihre Worte gegenüber Bertie van Than», fuhr Tobermory fort, «und sagte noch: ‹Dieses Weib ist ein regelrechter Freßsack. Wenn sie weiß, daß sie ihre vier ausgiebigen Mahlzeiten pro Tag bekommt, geht sie überall hin!› Und Bertie van Than sagte . . .»

Glücklicherweise wurde der Bericht an dieser Stelle unterbrochen. Tobermory hatte Tom, den großen gelben Kater aus dem Pfarrhaus, entdeckt, der durch die Ziersträucher zum Stall schlich. Mit einem gewaltigen Satz war er durch die offenstehende Terrassentür verschwunden.

Nach der Flucht seines allzu gelehrigen Schülers fand sich Cornelius Appin plötzlich inmitten eines Orkans erbitterter Vorwürfe, ängstlicher Fragen und flehender Bitten. Allein bei ihm liege die Verantwortung für die entsetzliche Situation, und an ihm sei es jetzt, dafür zu sorgen, daß alles nicht noch schlimmer würde. Ob Tobermory seine gefährliche Begabung auch anderen Katzen mitteilen könne, war das erste, was man ihn fragte. Möglich sei es, erwiderte er, daß er seine intime Freundin, die Stallkatze, in seine neuen Fähigkeiten einweihe; es sei jedoch unwahrscheinlich, daß er damit Erfolg hätte.

«Meinetwegen mag Tobermory eine wertvolle Katze und ein besonders liebes Tier sein», meinte Mrs. Cornett. «Du wirst jedoch zugeben müssen, Adelaide, daß man ihn möglichst schnell beseitigen muß – und die Stallkatze auch!»

«Glaubst du etwa, daß ich die letzte Viertelstunde besonders genossen habe?» sagte Lady Blemley verbittert. «Mein Mann und ich mögen Tobermory wirklich gern – wenigstens mochten wir ihn, solange er diese schrecklichen Fähigkeiten noch nicht besaß. Aber jetzt gibt es natürlich keine andere Lösung, als ihn so schnell wie möglich zu beseitigen.»

«Vielleicht könnten wir etwas Strychnin in sein Fressen tun», meinte Sir Wilfrid. «Die Stallkatze werde ich persönlich ersäufen. Der Kutscher wird seinem Liebling zwar nachtrauern, aber ich werde einfach sagen, daß bei beiden Katzen eine ansteckende Räude ausgebrochen sei und daß wir fürchteten, sie könnten auch die Hunde infizieren.»

«Und meine einzigartige Entdeckung!» unterbrach Mr. Appin ihn. «Nach so vielen Jahren des Forschens und Experimentierens . . .»

«Meinetwegen experimentieren Sie mit Rindviechern weiter, die man eingesperrt halten kann», sagte Mrs. Cornett. «Oder auch mit den Elefanten in den Zoologischen Gärten. Elefanten sollen doch so intelligent sein, und außerdem sagt man von ihnen, daß sie sich weder in Schlafzimmern herumtreiben noch unter Sesseln verstecken!»

Ein Erzengel, der verzückt das Tausendjährige Reich verkündet hat und dann feststellen muß, daß es aus irgendeinem Grund auf unbestimmte Zeit hinausgeschoben wird, könnte kaum enttäuschter sein als Cornelius Appin über das Echo, das sein wunderbarer Erfolg ausgelöst hatte. Die öffentliche Meinung stand jedoch gegen ihn, und hätte man auf die Stimme der Allgemeinheit gehört, wäre eine bedeutende Minderheit vermutlich dafür gewesen, ihm ebenfalls eine strychningewürzte Speise vorzusetzen.

Schlechte Zugverbindungen und der nervöse Wunsch, das hoffentlich gute Ende noch mitzuerleben, verhinderten die sofortige Abreise der Beteiligten; aber trotzdem war das Abendessen kein gesellschaftlicher Erfolg. Besonders Sir Wilfrid hatte aufregende Stunden hinter sich – zuerst wegen der Katze, dann wegen des Kutschers. Agnes Resker begnügte sich – für alle sichtbar – mit einem trockenen Toast, in den sie jedoch hineinbiß, als sei er ihr persönlicher Feind. Mavis Pellington befleißigte sich eines störrischen Schweigens; Lady Blemley dagegen

Rudyard Kipling

redete ununterbrochen und hoffte, daß man es als Unterhaltung ansehen würde, während ihre Augen immer wieder zur Tür wanderten. Auf dem Büfett stand eine Schüssel mit sorgfältig präpariertem Fisch – aber nachdem Nachspeise, Käse und Mokka abserviert waren, hatte man Tobermory weder im Speisezimmer noch in der Küche gesehen.

Der Leichenschmaus fand seine würdige Fortsetzung in der Nachtwache, die im Rauchzimmer abgehalten wurde. Essen und Trinken hatten zumindest zur Folge, daß die herrschende Verlegenheit bemäntelt und man von ihr abgelenkt wurde. Eine Partie Bridge stand jedoch bei der vorhandenen Nervenanspannung und auf Grund der allgemeinen Stimmung gar nicht zur Debatte. Um elf Uhr ging das Personal zu Bett, nachdem noch Bescheid gesagt worden war, daß das kleine Fenster in der Anrichte – Tobermorys Privateingang – wie üblich offenstehe. Die Gäste hingegen lasen sich standhaft durch die vorhandenen Magazine hindurch und griffen sogar auf literarische Zeitschriften sowie auf die verschiedenen Sammelbände des *Punch* zurück. In regelmäßigen Abständen suchte Lady Blemley die Anrichte auf, kehrte jedoch immer mit einem Ausdruck dumpfer Niedergeschlagenheit zurück, der jede Frage überflüssig machte.

Um zwei Uhr brach Clovis das lastende Schweigen.

«Heute nacht kommt er doch nicht mehr. Vermutlich sitzt er in der Redaktion der hiesigen Zeitung und diktiert das erste Kapitel seiner Memoiren. Sie werden alles übrige aus dem Felde schlagen und die Sensation des Tages werden.»

Nachdem Clovis seinen Beitrag zur allgemeinen Unterhaltung beigesteuert hatte, begab er sich zu Bett. In längeren Abständen folgten die anderen Gäste seinem Beispiel.

Die Diener, die am folgenden Morgen den Frühstückstee auf den Zimmern servierten, gaben auf die stets gleiche Frage eine ständig wiederkehrende Antwort: Tobermory sei noch nicht nach Hause gekommen.

Das gemeinsame Frühstück verlief – wenn überhaupt möglich – noch unerfreulicher als das gestrige Abendessen; bevor man sich jedoch wieder erhob, wurde die Situation geklärt: Tobermorys Leichnam wurde ins Haus gebracht.

Einer der Gärtner hatte ihn zwischen den Ziersträuchern gefunden. Aus der Bißwunde an seiner Kehle und den gelben Haarbüscheln an seinen Krallen wurde deutlich, daß er in dem ungleichen Kampf mit dem Tom aus dem Pfarrhaus unterlegen war.

Gegen Mittag hatten die meisten Gäste das Haus verlassen, und nach dem Essen hatte sich Lady Blemley wieder so weit erholt, daß sie an das Pfarrhaus einen äußerst unangenehmen Brief

wegen des Verlustes ihres Lieblings schreiben konnte.
Tobermory war Mr. Appins erster erfolgreicher Schüler gewesen, und das Schicksal wollte es, daß er keinen Nachfolger bekam. Wenige Wochen später riß sich im Dresdener Zoo – ohne vorher die geringste Erregung zu zeigen – ein Elefant los und tötete einen Engländer, der ihn offenbar geärgert hatte. Der Name des Unglücklichen wurde von den Zeitungen verschieden angegeben: einmal als Oppin, dann wieder als Eppelin. Als Vorname wurde jedoch überall gleichlautend ‹Cornelius› genannt.
«Wenn er versucht haben sollte, dem armen Tier die deutschen unregelmäßigen Verben beizubringen, hat er es auch nicht anders verdient», sagte Clovis.

Deutsch von Günter Eichel

Kurt Tucholsky
Brief an einen Kater

Paris, den heutigen.

Lieber Mingo,
du liegst grade, ein weißer Knäul, unter dem Sofa, im Zimmer des blonden Engels, und wartest auf Konrad, der dir aus seiner Fabrik etwas mitbringen wird; einen Wurstzippel oder einen Knochen vom Kalbskotelett oder sonst etwas Eingewickeltes. Hättest du die Freundlichkeit, einmal zuzuhören? Komm heraus! He! Komm! Mies – mies – mies! Mingo! Mingo!

Du wärst keine richtige Katze, wenn du kämst. Und so muß ich mich denn vor das Sofa legen, platt auf den Boden, und dir unter die geschweiften Beine des Möbels herunterflüstern, was ich dir zu sagen habe . . . Hör zu.

Daß du in die Malerei eingegangen bist, weißt du ja. Die Japaner . . . Ja, mach die Augen zu und schnurre im traumlosen Schlaf – es ist nicht neu. Aber in der Literatur, da muß man dich schon suchen; so viele gute Katzenbücher gibt es nicht. Wenn ein Sohn einmal promoviert, kannst du ihn ja eine Dissertation schreiben lassen ‹*Die Katze in der Geschichte der Völker mit besonderer Beziehung auf die Literatur des achtzehnten Jahrhunderts*›. Sieh, was ich hier habe! Du siehst kaum auf. Fauler. Atmendes Kissen. Es ist ein kleines

Buch, weiß wie du, heißt ‹*Katzen*› und ist von Axel Eggebrecht. Und – zerkratz den Deckel nicht – und ist bei Herbert Stuffer in Berlin erschie – – du sollst die Pfoten vom Deckel nehmen! Untier! Drache! Geschöpf! Mingo, das ist das allerreizendste Buch, das mir seit langem unter die Kritikerkrallen gekommen ist.

Der muß dich sehr liebhaben, der Eggebrecht – der muß dich sehr genau kennen, dich und die ganze Katzenfamilie. Er versteht dich, weil er zugibt, dich nicht zu verstehen. Deine Zähigkeit, mit der du am Leben hängst; die Sinnlosigkeit dieses Lebens ... Und wie noch eine verwilderte Katze eine Dame ist, bis in die letzte Schwanzspitze, und wie man eigentlich immer ein bißchen Angst vor dir haben muß, solche Angst, wie man sie vor einer Pistole hat, von der man nicht weiß, ob sie geladen ist oder nicht ... Man weiß nicht. Mingo, was denkst du? Ach, lach mich nicht aus.

Ja, großmütig bist du, voll von einer stillen Verachtung für uns alle. In einem seiner ersten Romane hat Max Brod entdeckt, wie sich die Tiere über die Menschen heimlich lustig machten ... Du verschmähst sogar das. Du siehst uns gar nicht mehr. Wie du ins Leere schaust! Wohin blickst du? In welcher Zeit lebst du? In deiner eigenen – in unserer nur, wenn du etwas zu fressen haben willst. Übrigens sehe ich dich nicht gern essen; die kleinen ruckenden, bösen Bewegungen, mit denen du schluckst . . . Verzeih. Und hör mal, Eggebrecht schreibt da zwei Dinge, die ich ihm gar nicht glauben will, du weißt das ja besser . . . Lieben sich Katzen auf dem Frühstückstisch? Am hellerlichten Tag? Und läuft eine Katze von ihren noch nassen Jungen fort, nach einem Tag? Sag mal – Mingo! Schläft. Nein, schläft nicht – blinzelt durch den dünnsten Spalt der Augenlider mich an, ich kann doch den Kopf nicht dauernd auf den Fußboden legen, wenn man auch von ihm – natürlich – essen könnte . . . Mingo! Komm heraus. Kommt nicht.

Mingo, du kannst lesen, ich weiß es, du zeigst es nur nicht. Dieses Buch. Es ist so unsüßlich, so gar nicht verniedlicht, so unheimlich – und es ist in der Form so edel, wie du es bist. Es muß wohl Katzenmenschen und Hundemenschen geben. Magst du den Hund? Ich auch nicht. Er brüllt den ganzen Tag, zerstört mit seinem unnützen Lärm die schönsten Stillen und wird in seiner Rücksichtslosigkeit nur noch von der seiner Besitzer übertroffen. (Protest des Reichsbundes Deutscher Hundefreunde. Kusch.) Man kann dich nicht fangen, ich weiß. Aber bist du in diesem Satz nicht ganz enthalten? «Die Katze ist eine anarchistische Aristokratin, mit gesundem proletarischem élan vital.» Das bist du.

So, nun stehe ich wieder auf. Und sitze plötzlich in dem silbergrauen Paris und denke an dich, an

dich und den blaugrauen Angorakater, der so klein war, daß er nicht einmal einen Namen hatte; er konnte einem grade entgegenwackeln, wenn man ins Zimmer kam, und dann aß er nichts mehr und dann starb er, und nun liegt er in meinem Garten a. D. von Fontainebleau.
Einen Gruß, Mingo! An dich und an alles, was schön ist und rätselhaft, überflüssig und geschwungen, unergründlich und einsam und ewig getrennt von uns: also an die Katzen und an das Feuer und das Wasser und an die Frauen.
Mit einem herzlichen Fellgestreichel
und Grüßen an die Herrschaften, die bei dir wohnen.

Dein Peter Panter

Hermann Hesse
Scherzgedicht

Wenn man so beim Fische-Essen
Beispielsweise Felchen sitzt,
Kann man dessen nie vergessen,
Der hernach die Köpfe frißt.

Ronald Searle

T. S. Eliot
Pus: Der Theaterkater

Pus heißt der Kater am Bühneneingang.
Er selbst nennt sich leider dreimal so lang.
Nämlich: Ödipus. Doch welch ein Snobismus,
Sich so zu nennen. Für uns bleibt es bei Pus.
Sein Flausch ist recht schäbig, er selbst ein Gerippe
Mit zittrigen Pfoten, schon halb auf der Schippe.
Doch was für ein Kerl, als er jünger war!
Heut, für Mäuse und Ratzen, gar keine Gefahr.
Nein, er ist nicht der Kater mehr, der er gewesen,
Als man täglich von ihm in der Zeitung gelesen, –
Wie er sagt. Und er sagt es am liebsten beim Trunke
Im Spinn-Klub (gleich hinter der nächsten Spelunke).
Dort gibt er, wenn jemand sein Bier bezahlt,

Ganz gern was zum besten. Aber nicht, daß er
prahlt!
Denn er war ein Genie; und zwar was für eins!
Hat gespielt mit Matkowski, mit der Duse,
mit Kainz!
Nach dem Riesen-Erfolg in der «Baldrianbraut»,
Hat das Haus ihn, ach – unzählige Male! —
hervormiaut.
Doch die größte Schöpfung, von der heut man
noch spricht,
War sein Feuerfurzfickel, der Erzbösewicht.
Gespielt, sagt er, hab ich, was spielbar war.
Siebzig Rollen, gelernt, war mein Repertoire!
Volksgemurmel, Extempores, textbuchfrei,
Konnt ich improvisieren wie 'ne Katzbalgerei.
Wieviel Ausdruck legt ich in Buckel und
Schwanz!
Eine Probe nur braucht ich, und die nicht ganz.
Meiner Stimme konnte kein Stein widerstehn.

Und wann hat man je solche Mimik gesehn?
Ich saß an Klein-Hanneles Krankenbett,
Und focht als Cyrano zwölf Runden Florett.
Als Gestiefelter Kater war ich ein Schatz!
Ich miaute in Salzburg, für Jedermanns Katz!
Doch die schöpf'rische Leistung – in historischem Licht –
War mein Feuerfurzfickel, der Erzbösewicht.

Nun, wenn wir 'nen Hohlzahn voll Korn spendiert,
Erzählt er noch, wie er damals in Weimar gastiert.
Er sprang ein in den «Falstaff», auf allen vier Pfoten,
Denn es schien der Regie dort ein Kater geboten.
Einst war er ein Tiger, vor bebendem Saal,
Den ein Oberst verfolgt in den Abzugskanal!
Und als Geist, denkt er, könnt er wohl heute noch immer
Jenes haarsträubend-echte Gestöhn und Gewimmer.

Ja, auf Leitungsdraht, hoch über die Bühne
gespannt,
Hat ein Kind er gerettet, das im Stück sonst
verbrannt.
Und er sagt: Ach – diese jungen Katzen. Die
haben nicht mehr
Die Ausbildung – wie wir, von der Hofbühne her!
Eins fehlt ihnen vor allem: Ensemblespiel!
Und sie denken, ein Katzensprung sei wohl
schon viel!
Und er sagt, pfotenkratzend sein spärliches Haar:
Nein. Das Theater ist nicht mehr, was es war.
Moderne Regie – nun gewiß. Bitte sehr. Warum
nicht.
Aber reicht es denn jemals – (wovon heut man
noch spricht):
An den Wunder-Moment da Ich Selbst prominent
Als Feuerfurzfickel – der Erz-Bösewicht.

Deutsch von Carl Zuckmayer

Damon Runyon
Lillian

Was ich schon immer sage: Wilbur Willard hat eben unverschämtes Glück, denn was sonst als purer Dusel läßt ihn grade an diesem kalten, verschneiten Morgen die Neunundvierzigste Straße entlangtorkeln, als Lillian auf dem Bürgersteig herummiaut und ihre Mutti sucht.

Und ist es vielleicht kein Dusel, daß Wilbur Willard grade voll ist wie eine Strandhaubitze, weil er soeben mit einem Freund namens Haggerty in dessen Wohnung in der Neunundfünfzigsten Straße ein paar Pullen Whisky leergemacht hat? Denn hätte Wilbur Willard grade mal keinen in der Krone gehabt, hätte er in Lillian nichts als eine kleine schwarze Katze gesehn und einen großen Bogen um sie gemacht, weil jeder weiß, schwarze Katzen bringen Pech, selbst wenn sie noch ganz klein sind.

Aber in besagtem Zustand sieht für Wilbur Willard alles anders aus, und so sieht er in Lillian auch nicht die kleine schwarze Katze, die da im Schnee rumkrabbelt, sondern er sieht einen herrlich schönen Panther, denn ein Blauer namens O'Hara, der grade vorbeischlendert und der Wilbur Willard kennt, hört wie er sagt: «Oh, du wunderschöner Panther du!»

Der Blaue sieht selber mal schnell hin, denn er

will nicht, daß in seinem Revier Panther frei herumlaufen, weil das polizeiwidrig ist. Aber, wie er mir später erzählt, er sieht weiter nichts als diesen versoffenen Schauspieler Willard, der eine verhungerte kleine schwarze Katze aufhebt und in seine Manteltasche steckt, und er hört noch, wie Wilbur sagt:
«Von jetzt ab heißt du Lillian.»
Dann schwankt Wilbur weiter bis in sein Zimmer im obersten Stockwerk einer verwanzten alten Bude in der Achten Avenue, die sich Hotel Brüssel nennt, wo er schon eine ganze Weile wohnt, weil die Direktion nichts gegen Schauspieler hat; die Direktion vom Hotel Brüssel ist wirklich sehr großzügig.
Noch am gleichen Morgen kommt eine Beschwerde von seiner Zimmernachbarin, einer alten Varieté-Puppe namens Minnie Madigan, die seit der Zeit von Abraham Lincolns Ermordung kein Engagement mehr hat. Sie hört Wilbur in seinem Zimmer nämlich dauernd von einem wunderschönen Panther faseln und ruft den Portier und erklärt, ein Hotel, in dem wilde Tiere erlaubt sind, ist nicht respektabel. Der Portier guckt bei Wilbur rein und stellt fest, daß er nur mit einem harmlosen schwarzen Kätzchen spielt, und so erfolgt auf die Meckerei der Alten weiter nichts, vor allem, wo ja sowieso kein Mensch behauptet, daß das Hotel Brüssel ein besonders respektables Haus ist.

Als Wilbur am nächsten Nachmittag aus der Narkose erwacht, sieht er natürlich, daß Lillian gar kein Panther ist, und ist sogar recht erstaunt darüber, daß er zusammen mit einem schwarzen Kätzchen im Bett liegt, denn Lillian schläft an Wilburs Brust, um es schön warm zu haben. Zuerst will Wilbur seinen Augen nicht trauen und er schiebt es auf Haggertys Whisky, aber schließlich merkt er doch, daß er sich nicht täuscht, und so steckt er Lillian wieder in die Tasche, nimmt sie mit rüber in die «Scharfe Kiste», das Nachtlokal, und gibt ihr Milch zu trinken, die Lillian sehr gerne mag.
Wo Lillian nun eigentlich herstammt, weiß natürlich kein Mensch. Höchstwahrscheinlich hat sie jemand aus dem Fenster in den Schnee runtergeworfen, weil die Leute in New York dauernd junge Katzen und ähnliches Zeug aus dem Fenster werfen. Tatsache, wenn es etwas im Überfluß gibt hier in New York, dann sind das kleine Katzen, die schließlich zu großen Katzen heranwachsen und in Mülleimern schnuppern und auf den Dächern miauen, so daß kein Mensch richtig schlafen kann.
Ich persönlich mach mir gar nichts aus Katzen, auch aus jungen nicht, weil ich bisher noch nie eine zu sehen gekriegt habe, die halbwegs vernünftig ist – obgleich ich einen Kerl namens Pussy McGuire kenne, der sich nur damit einen ganz anständigen Lebensunterhalt verdient, daß er

Gottfried Mind

Katzen und gelegentlich auch Hunde klaut und sie an alternde Frauen verkauft, die so was zur Gesellschaft mögen. Aber Pussy klaut bloß Perser- und Angorakatzen, die ganz vornehm sind, und Lillian gehört nicht zu dieser Sorte Katzen. Lillian ist nichts weiter als eine ganz simple schwarze Katze, und kein Mensch in New York würde auch nur zehn Cent fürs Dutzend zahlen, weil sie allgemein als üble Pechbringer gelten.
Außerdem stellt sich nach ein paar Wochen heraus, daß Wilbur Willard sie genauso gut Hermann oder Emil nennen könnte, aber Wilbur bleibt bei Lillian, weil das der Name seiner Partnerin war, als er vor Jahren noch im Varieté aufgetreten ist. Er erzählt mir oft von Lillian Withington, wenn er einen in der Krone hat, was allerdings auch oft vorkommt, denn Wilbur hat eine große Schwäche für Scotch und alle Sorten amerikanischen Whisky oder für Gin oder was sonst grade Trinkbares da ist außer Wasser. Wilbur Willard ist ein gewaltiger Trinker vor dem Herrn, und es hat gar keinen Sinn, ihm zu sagen, daß das Trinken hierzulande gesetzwidrig ist, weil ihn das nur wild macht, und er dann sagt, das Gesetz kann ihn gern haben, nur benutzt Wilbur Willard einen viel kräftigeren Ausdruck.
«Sie ist wie ein wunderschöner Panther», erzählt mir Wilbur von Lillian Withington. «Schwarze Haare und schwarze Augen, und sie hat Kurven

wie ein Panther, den ich mal im gleichen Programm mit uns in einer Dressurnummer im Palace gesehen hab. Wir waren eine Hauptattraktion damals», sagt er, «Willard und Withington, die beste Gesang- und Tanznummer im ganzen Land.

Ich gabelte sie in San Antonio auf, einem Nest in Texas», sagt Wilbur. «Sie ist eben erst aus der Klosterschule raus, und ich verliere grade meine alte Partnerin Mary McGee, die mir da unten plötzlich an Lungenentzündung wegstirbt. Lillian will zur Bühne und tut sich mit mir zusammen, die geborene Schauspielerin, mit einer großartigen Stimme. Aber wie ein Panther», sagt Wilbur, «wie ein Panther! In ihr steckt eine Katze, da gibts nichts, und Katzen wie Frauen sind undankbar. Ich liebe Lillian Withington. Ich möchte sie heiraten. Aber sie ist eiskalt. Sie sagt, sie denkt nicht dran, ihr ganzes Leben lang beim Theater zu bleiben. Sie sagt, sie will Geld und Luxus und eine schöne Wohnung, und so was kann ein Kerl wie ich einer Frau natürlich nicht bieten.

Ich trage sie auf Händen», sagt Wilbur, «ich bin ihr Sklave. Es gibt nichts, was ich nicht für sie tu. Dann eines Tages in Boston erzählt sie mir ganz ungerührt, daß sie mich verläßt. Sie sagt, sie heiratet dort einen reichen Knaben. Damit ist natürlich unsere Nummer geplatzt, und ich bring es nie mehr übers Herz, mich nach einer anderen Partnerin umzusehn, und dann verfalle ich auf die gute alte Schnapsbuddel, und was ist jetzt aus mir geworden? Ein ganz ordinärer Barsänger.»

Dann fängt er manchmal plötzlich an zu heulen, und manchmal heule ich mit ihm mit, obgleich Wilbur doch noch ganz gut dabei weggekommen ist, wenn Sie mich fragen. Er ist eine Puppe losgeworden, die sich dauernd Sachen wünscht, die er ihr nun mal nicht geben kann. Manch einer in unserer Stadt hat eine Puppe am Hals, die sich Sachen wünscht, die er ihr nicht geben kann, kommt aber trotzdem nicht von ihr los und ruiniert sich für sie, nur um des lieben Friedens willen.

Wilbur verdient ganz anständig als Barsänger in der «Heißen Kiste», wenn er auch fast all sein Geld für Whisky wieder rausschmeißt, und er ist noch nicht mal ein schlechter Sänger. Manchmal, wenn ich in Katerstimmung bin, geh ich in die «Heiße Kiste», um ihn «Melancholy Baby» und «Moonshine Valley» und andere Songs singen zu hören, die mir mit ihrer Traurigkeit das Herz brechen. Ich persönlich kann gar nicht verstehn, wie eine Puppe es überhaupt fertigbringt, Wilbur nicht zu lieben, besonders, wenn sie ihn solche Songs wie «Melancholy Baby» singen hört, und er schön blau dabei ist, denn Wilbur ist ein großer, sympathischer Bursche mit langen Wimpern und braunen Schlafzimmeraugen, und seine Stimme hat jenes gewisse tiefe Schluchzen, auf das die Frauen fliegen. Tatsächlich wirft auch manche Wilbur verheißungsvolle Blicke zu, wenn er in der «Heißen Kiste» singt, aber aus irgendeinem Grund beißt Wilbur niemals an, und ich glaube, der Grund ist, daß es für ihn einzig und allein nur Lillian Withington gibt.

Seit er nun Lillian, das schwarze Kätzchen, hat, scheint Wilbur wieder neues Interesse am Leben zu gewinnen, und Lillian entpuppt sich denn auch als ein reizendes und bildhübsches Wesen, nachdem Wilbur sie erst mal gut rausgefüttert hat. Sie ist schwarz wie ein Ofenrohr, ohne auch nur das kleinste weiße Fleckchen, und sie wächst in einem derartigen Tempo, daß Wilbur sie bald nicht mehr in der Tasche tragen kann. Deshalb legt er ihr ein Halsband an und führt sie an der Leine. Auf diese Weise wird Lillian am Broadway bekannt; Wilbur zeigt ihr die vielen Lokale, und es dauert gar nicht lange, da braucht Wilbur sie überhaupt nicht mehr an der Leine zu führen, sondern sie läuft auf Schritt und Tritt hinter ihm her wie ein Hund, und nirgendwo im Gebiet der brausenden Vierziger Straßen gibt es auch nur einen einzigen Köter, dem im geringsten daran liegt, mit Lillian anzubinden. Denn ehe man piep sagen kann, ist sie den Kötern auf den Buckel gesprungen und kratzt und beißt so lange, bis sie nur noch einen Wunsch haben, schnellstens wieder von ihr loszukommen.

Allerdings handelt es sich bei den Kötern in den Vierziger Straßen in der Hauptsache um Chows und Pekinesen oder um Spitze oder flaumige weiße Zwergpudel, die von Blondinen an der Leine geführt werden und natürlich nicht imstande sind, es mit einer so abgefeimten Katze aufzunehmen. Schließlich hat es Wilbur Willard tatsächlich mit sämtlichen Puppen zwischen Times Square und Columbus Circle, die einen Köter besitzen, total verdorben, und sie hoffen, daß Wilbur und Lillian möglichst schnell verschwinden und verrecken. Wilbur muß sich auch ein paarmal mit Kerls rumprügeln, die zu den betreffenden Puppen gehören, aber Wilbur ist als Boxer beileibe nicht zu unterschätzen, es sei denn, er ist zu blau und steht nicht mehr sicher genug auf den Beinen.

Wenn Wilbur seinen Auftritt in der «Heißen Kiste» hinter sich hat, macht er gewöhnlich die Runde in sämtlichen Speakeasies, die vielleicht noch offen haben, und setzt noch ein paar Schnäpse auf das Quantum drauf, das er bereits in der «Heißen Kiste» tankt – und das ist an sich schon eine ganze Menge. Obgleich es in New York für sehr riskant gilt, den Fusel, den sie in der «Heißen Kiste» ausschenken, mit anderem Fusel durcheinander zu trinken, scheint Wilbur das nie das geringste anzuhaben. Sobald am Morgen die Sonne aufgeht, nimmt er sich dann noch zwei Pullen Scotch Whisky mit auf sein

Zimmer im Hotel Brüssel, die ihm endgültig zu der nötigen Bettschwere verhelfen.

Natürlich macht niemand am Broadway Wilbur den geringsten Vorwurf wegen seines versoffenen Lebenswandels, denn jedermann weiß ja, daß er Lillian Withington, seine große Liebe, verloren hat. Bei uns in New York gilt so etwas als völlig ausreichende Entschuldigung für einen, der zur Pulle greift, weswegen bei uns ja auch so viel getrunken wird. Nur ist es für jedermann ein großes Rätsel, wie Wilbur diese Mengen verträgt, ohne dabei draufzugehen. Die Friedhöfe sind voll von Leuten, die bedeutend weniger getrunken haben als Wilbur, aber Wilbur scheint noch nicht mal nennenswerte Nachwirkungen zu spüren, oder er behält sie für sich und erzählt nicht aller Welt, daran sei nur der miserable Fusel schuld, den man heutzutage vorgesetzt kriegt.

Ein paar von den Jungs bei Mindy verlieren in einem Winter mal eine hübsche Stange Geld, weil Wilbur plötzlich fast nur noch in Amüsier-Charlys Kneipe weitersäuft, wenn die «Heiße Kiste» zumacht; darauf bieten sie Wetten vier zu eins an, daß er es nicht mehr länger als bis zum Frühjahr macht, denn sie sind fest davon überzeugt, daß kein Mensch größere Mengen von Amüsier-Charlys Schnaps trinken und trotzdem am Leben bleiben kann. Aber Wilbur Willard schafft es trotzdem; sie sagen, der Kerl hat eine über-

menschliche Natur und lassen es dabei bewenden.
Gelegentlich guckt Wilbur mal bei Mindy rein, gefolgt von Lillian, die nach Kötern Ausschau hält, oder sie sitzt auch auf seiner Schulter, wenn schlechtes Wetter ist, und die beiden hocken dann stundenlang an unserm Tisch, und wir reden über dies und jenes. Bei solchen Gelegenheiten trägt Wilbur meist eine Flasche in der Hüfttasche und genehmigt sich ab und zu einen Schluck, aber selbstverständlich fällt das bei ihm nicht unter Trinken. Wenn Lillian mit dabei ist, kuschelt sie sich so dicht an ihn ran wie möglich, und jeder kann sehn, daß sie scheints sehr an Wilbur hängt, und daß er auch sehr an ihr hängt, wenn er sich auch manchmal vergißt und von ihr als von einem wunderschönen Panther redet. Aber dann hat er sich natürlich nur versprochen, und wenn Wilbur Spaß dran hat, in Lillian einen Panther zu sehn, dann ist das sowieso seine Privatangelegenheit und geht niemand anderen was an.
«Eines Tages läuft sie mir fort», sagt Wilbur und streichelt Lillians Rücken, bis ihr Fell knistert. «Jawohl, wenn ich ihr auch dauernd Leber und Gemüse zu fressen gebe und ihr meine ganze Zuneigung schenke, eines Tages wird sie mich abhängen. Katzen sind wie Weiber, und Weiber sind wie Katzen. Beide sind sie sehr undankbar.»

«Und beide bringen meistens nur Pech», sagte der Lange Nig, der große Spieler, «besonders Katzen, und ganz besonders schwarze Katzen.»

Noch viele andere versuchen Wilbur klarzumachen, daß schwarze Katzen Pech bringen, und raten ihm, Lillian eines Nachts mit einem Stein am Hals im North-River verschwinden zu lassen, aber Wilbur behauptet, mehr Pech, als Lillian Withington zu verlieren, kann er gar nicht haben, und Lillian, die Katze, kann es gar nicht schlimmer machen als es sowieso schon ist. So sorgt er denn weiter gut für sie, und Lillian wird immer größer und größer, bis auch ich langsam denke, ob nicht vielleicht doch ein Bernhardiner mit dazwischen war.

Eines Tages mach ich bei Lillian eine ganz komische Entdeckung. Manchmal ist sie sehr zärtlich zu Wilbur und dann wieder ist sie richtig kratzbürstig und faucht ihn an und schlägt mit den Krallen nach ihm. Es kommt mir so vor, als ob sie freundlich ist, wenn Willard einen sitzen hat, aber genauso mißgelaunt und reizbar wie er selbst, wenn er noch ziemlich nüchtern ist. Wenn Lillian aber schlechter Laune und reizbar ist, dann gnade Gott den Kötern in der Nachbarschaft vom Hotel Brüssel.

Lillian fängt sogar an, regelrecht Jagd auf sie zu machen, sie schleicht sich davon, wenn Wilbur

pennt, und jagt dann hinter den Kötern her, bis ihnen die Puste ausgeht.
Das erregt natürlich große Empörung bei den Damen, denen die Köter gehören, besonders als Lillian eines Tages nach Hause kommt und einen Peki anschleppt, der so groß ist wie sie selbst. Ihr folgt eine furchtbar aufgeregte Puppe, die vor Wilbur Willards Tür Zetermordio schreit, als Lillian durch ein Loch, das Wilbur für sie in die Tür gesägt hat, reingeflitzt kommt, den Pekinesen immer noch im Maul. Aber Wilbur ist scheints hoch beglückt darüber, statt böse zu werden und Lillian für ihre Untaten zu verprügeln, denn er ist zufällig noch benebelt, als Lillian mit dem Pekinesen kommt, und sieht in Lillian einen wunderschönen Panther.
«Donnerwetter!» sagt Wilbur. «Mein wunderschöner Panther begibt sich in den Dschungel und holt mir eine Antilope für mein Abendessen.»
Natürlich ist das alles reinster Unsinn, denn ein Pekinese ist nun mal keine Antilope, aber die Blondine vor der Tür hört Wilburs Gemurmel, und sie glaubt im Ernst, daß er ihren armen Peki zum Abendbrot verspeisen will, und sie erhebt ein fürchterliches Gezeter. Es gibt ein Riesentheater im Hotel Brüssel, bis man die blonde Puppe endlich beruhigt. Zu allem Überfluß kreuzt am nächsten Abend der Kerl von der Blonden in der «Heißen Kiste» auf, der sich als

ein ganz gefährlicher italienischer Schnapshändler namens Gregorio entpuppt, und er möchte Wilbur Willard eine blaue Bohne zwischen die Rippen jagen.
Aber Wilbur macht ihn mit ein paar Schnäpsen weich und singt ihm «Melancholy Baby» vor, und ehe der Italiano wieder abhaut, wird er ganz rührselig und will Wilbur fünf Dollar schenken, damit Lillian den Pekinesen noch mal packt, nur muß Lillian versprechen, daß sie ihn nie wieder zurückbringt. Gregorio liebt den Pekinesen scheints gar nicht und spielt nur wegen der Blondine den wilden Mann, damit sie denken soll, daß er sie heiß und innig liebt.
Also, wie gesagt, ich merke, daß Lillian ihre Launen hat, und schließlich frage ich Wilbur, ob ihm das nicht auch auffällt.
«Ja», sagt er ganz traurig, «ich kann ihre Liebe scheints nicht halten. Sie ist in letzter Zeit sehr wankelmütig. Neulich zieht im Brüssel auf meinem Stockwerk ein Mann mit einem kleinen Jungen ein, und Lillian verliebt sich sofort mächtig in den Kleinen. Sie sind schon ganz dicke Freunde. Was will man machen», seufzt Wilbur, «Katzen sind wie Frauen. Ihre Zuneigung hält nicht an.»
Ein paar Tage später geh ich zufällig ins Brüssel, um einem Kerl namens Crutchy, der im gleichen Stock wie Wilbur wohnt, klarzumachen, daß einigen von unseren Mitbürgern seine Nase

nicht gefällt und daß es gar keine schlechte Idee für ihn wäre, schleunigst abzureisen, besonders wenn er etwa weiter versuchen sollte, in ihrem Revier Bier abzusetzen, und da sehe ich Lillian draußen auf dem Gang zusammen mit einem Kind, das wohl «der Kleine» sein wird, von dem Wilbur neulich geredet hat. Das Kind ist vielleicht drei Jahre alt und sehr niedlich mit seinem schwarzen Haar und seinen schwarzen Augen und es tobt mit Lillian in einer Weise im Korridor herum, daß man es nicht glauben sollte, denn Lillian läßt es sich sonst nicht gefallen, so herumgezerrt zu werden, nicht mal von Wilbur Willard.

Ich verstehe nicht, wie jemand drauf kommt, ein Kind in so eine Bruchbude wie das Brüssel zu bringen, aber es gehört vielleicht irgendeinem Schauspieler, und vielleicht ist gar keine Mutti dafür vorhanden. Als ich später mit Wilbur darüber spreche, sagt er:

Na, wenn der Alte von dem Kind Schauspieler ist, dann muß er arbeitslos sein. Er hockt die ganze Zeit auf seinem Zimmer, und das Kind darf nirgends hingehen, nur auf den Gang, und mir tut der kleine Kerl leid, deswegen erlaube ich Lillian, mit ihm zu spielen.»

Inzwischen bricht eine starke Kälteperiode ein, und eines Morgens gegen fünf sitzen ein paar von uns bei Mindy, als wir plötzlich die Feuerwehr vorbeirasen hören. Nach einer Weile

kommt ein Mann rein, der Kansas genannt wird, weil er aus Kansas stammt, und der von Beruf Spieler ist.
«Das alte Brüssel brennt», sagt Kansas.
Etwa um die gleiche Zeit kommt Wilbur Willard reinspaziert, und man sieht gleich, daß er mal wieder hoch in den Wolken schwebt. Wahrscheinlich kommt er von Amüsier-Charly, und er hat tatsächlich ganz schön getankt; noch nie hab ich Wilbur Willard so blau gesehen wie jetzt. Lillian hat er nicht bei sich, er nimmt sie nie mit zu Amüsier-Charly, weil Charly Katzen nicht ausstehn kann.
«He, Wilbur», sagt der Lange Nig, «die Bruchbude, in der du wohnst, das Brüssel, brennt.»
«Ausgezeichnet», sagt Wilbur, «ich bin ein Glühwürmchen und mich verlangt nach Licht. Kommt, wir gehen hin, wo's Feuer gibt.» Das Brüssel ist nur ein paar Häuserblocks von Mindy entfernt, und da es sonst grade nichts anderes zu tun gibt, gehn ein paar von uns mit zur Achten Avenue rüber, und Wilbur schaukelt vor uns her. Die alte Bruchbude prasselt tatsächlich ganz prächtig, als wir näher rankommen. Die Feuerwehrleute spritzen aus allen Schläuchen, und die Blauen haben Absperrseile gespannt, um die Menge zurückzuhalten, obgleich um diese frühe Morgenstunde keine große Menschenmenge da ist.
«Ist das nicht schön?» sagt Wilbur Willard in Be-

trachtung der Flammen versunken. «Sieht es nicht aus wie ein Märchenschloß, ganz von Licht durchflutet?»
Wilbur kapiert nämlich überhaupt nicht, daß das Brüssel in Flammen steht, obgleich aus allen Türen Männer und Frauen gerannt kommen, die meisten nur halb angezogen oder mit überhaupt nichts am Leib, und die Feuerwehrleute spannen die Sprungtücher aus für den Fall, daß jemand aus dem Fenster springen will.
«Es ist wirklich prachtvoll», sagt Wilbur. «Ich muß Lillian holen, damit sie's auch sehn kann.»
Und ehe wir merken, was los ist, geht Wilbur Willard auch schon in den Haupteingang vom Brüssel rein, als ob überhaupt nichts passiert ist. Die Feuerwehr und die Blauen sind derartig überrascht, daß sie nur noch hinter Wilbur herbrüllen können, aber er kümmert sich nicht im geringsten darum. Jeder denkt natürlich, Wilburs letztes Stündlein hat geschlagen, aber nach etwa zehn Minuten kommt er mit der größten Seelenruhe aus derselben Tür mitten durch Rauch und Flammen wieder herausspaziert und hat Lillian im Arm.
«Stellt euch vor», sagt Wilbur, als er zu uns rüberkommt, während wir einfach sprachlos sind vor Staunen, «ich mußte den ganzen Weg bis zu meinem Zimmer rauflaufen, weil der Fahrstuhl scheints nicht mehr funktioniert. Der Service in

diesem Hotel wird immer miserabler. Verlaßt euch drauf, die Direktion wird was von mir zu hören kriegen, sobald ich nur mal wieder was auf meine Rechnung abgezahlt habe.»

Und dann macht Lillian auf einmal laut Miau, springt von Wilburs Arm runter und flitzt mit hochgezogenem Rücken an den Blauen und den Feuerwehrmännern vorbei, und eh sich's einer versieht, schießt sie in den Eingang des Hotels rein und ist im Nu verschwunden.

«Na, na, na!» sagt Wilbur und macht ganz große Augen. «Da haut Lillian wieder ab!»

Und was tut Wilbur Willard, dieser irrsinnige Hund? Er marschiert doch schnurstracks wieder ins Brüssel hinein, und inzwischen kommt der Rauch so dicht aus dem Eingang, daß er nach ein paar Sekunden schon nicht mehr zu sehen ist. Die Blauen und die Feuerwehrleute hat er völlig überrumpelt, denn sie sind nicht drauf gefaßt, daß Leute vor ihrer Nase in Brandstätten hinein und wieder herausmarschieren.

Diesmal wettet alles, zu den verschiedensten Quoten, zweieinhalb und auch drei zu eins, daß Wilbur nie wieder zum Vorschein kommt, denn aus den unteren Fenstern schlagen schon riesige Flammen und Rauchschwaden, obgleich es in den oberen Stockwerken noch nicht ganz so stark zu brennen scheint. Alle Insassen haben das Gebäude inzwischen scheints geräumt, und selbst die Feuerwehr bekämpft den Brand jetzt

nur noch von außen, weil das Brüssel viel zu alt und baufällig ist, als daß es noch Sinn hätte, sich ins Innere vorzuwagen.
Alle sind jetzt raus, außer Wilbur Willard und Lillian, und wir wetten, daß die beiden irgendwo im Innern schon kräftig schmoren, nur Latschen-Samuel bietet dreizehn zu fünf für ein paar bescheidene Wetten, daß Lillian heil wieder rauskommt, denn Samuel behauptet, eine Katze hat neun Leben, und dafür ist das allerdings ein ganz faires Angebot.
Plötzlich kommt eine schicke Puppe angerannt, die über irgend etwas furchtbar aufgeregt ist, und arbeitet sich mit Fäusten und Krallen durch die Menge bis an die Absperrung vor und schreit, daß man kaum sein eigenes Wort verstehen kann, und im selben Augenblick hört man jemand aus vollem Halse «Ai-li-hei-hi-ho» rufen wie ein Schweizer, der jodelt, und der Jodler kommt ganz oben vom Dach des Brüssel, und wie wir hinaufgucken, wen sehen wir? Wilbur Willard steht da oben hart an der Dachrinne, hoch über Feuer und Rauch, und jodelt so laut er kann.
Unter dem einen Arm trägt er irgendein großes Bündel und unter den andern hat er den kleinen Bengel geklemmt, den ich auf dem Korridor mit Lillian spielen sah. Wie er da oben steht und «Ai-li-hei-hi-ho» ruft, schreit die schicke Puppe neben uns noch lauter, als Wilbur jodelt, und die

Hiroshige

Feuerwehrleute rennen mit dem Sprungtuch zu der Stelle unter ihm.
Wilbur läßt noch einmal sein «Ai-li-hei-hi-ho» ertönen und dann kommt er mit weit gespreizten Beinen, das Bündel und das Kind fest an sich gedrückt, heruntergeschossen; er landet im Sprungtuch auf seinem Allerwertesten und hopst noch ein paarmal auf und ab, bis er schließlich zum Stillstand kommt. Dann steigt er vom Sprungtuch herunter, und ich sehe, das Bündel ist eine zusammengerollte Wolldecke, aus der an einem Ende Lillians Augen herausschielen. Auch das Kind hat er immer noch unterm Arm; es steckt seinen Kopf vorn und die Beine hinten raus, und es kommt mir so vor, als ob Wilbur mit dem Kind lange nicht so vorsichtig umgeht wie mit Lillian. Er steht da und grinst die Feuerwehrleute an.
Da stürzt sich plötzlich die elegante Dame, die so laut geschrien hat, auf Wilbur, reißt ihm das Kind weg, drückt es an ihre Brust und knutscht es fürchterlich ab.
«Wilbur», ruft sie, «Gott segne dich, Wilbur, daß du mein Baby gerettet hast! Oh, ich danke dir, Wilbur, ich danke dir! Mein elender Mann ist mit ihm ausgerückt. Er hat es entführt, und erst vor ein paar Stunden haben meine Detektive ausfindig gemacht, wo es steckt.»
Wilbur guckt die Frau eine halbe Minute lang mit seltsamen Blicken an und will grade wegge-

hen, als Lillian sich aus ihrer Decke herauswindet. Sie sieht ziemlich angesengt aus und riecht auch so, und dann sieht das Kind Lillian und quengelt so lange nach ihr, bis Wilbur dem Jungen endlich die Katze gibt. Und weil er sich von Lillian nicht trennen kann, bleibt Wilbur verwirrt stehn, und die schicke Frau redet mit ihm, und schließlich gehn sie zusammen weg, und wie sie losziehn, hat Wilbur das Kind im Arm, und das Kind hat Lillian im Arm, und Lillian fühlt sich gar nicht so besonders wohl wegen ihrer Brandwunden.
Inzwischen ist Wilbur so nüchtern wie wahrscheinlich seit Jahren nicht mehr um diese Morgenstunde. Ehe sie losgehen, hab ich noch Gelegenheit, ein paar Worte mit Wilbur zu sprechen, der doch noch ein bißchen wirr im Kopf ist, und aus seinen Reden entnehme ich, daß er Lillian das erste Mal in seinem Zimmer findet, aber von dem kleinen Kind ist nichts zu sehn, und er denkt auch gar nicht an das Kind, weil er ja sowieso nicht weiß, in welchem Zimmer es wohnt, weil er nie darauf geachtet hat.
Wie er aber zum zweitenmal raufläuft, schnuppert Lillian an der Türritze eines Zimmers, das weiter unten auf demselben Gang liegt, und Wilbur sagt, er glaubt sich noch zu erinnern, daß ein kleines Rinnsal wie von Wasser unter der Tür hervorkommt.
«Und», sagt Wilbur, «wie ich nach einer Decke

für Lillian suche, und es mir zu umständlich ist, noch mal in mein Zimmer zurückzugehn, denke ich, ich hole mir einfach eine aus diesem Zimmer. Ich drücke auf die Klinke, aber die Tür ist verschlossen, deshalb trete ich sie ein, und wie ich reinkomme, ist das Zimmer voller Rauch, und die Flammen schlagen zum Fenster rein, und wie ich schnell eine Decke für Lillian vom Bett reiße, wer liegt drunter? Das Kind!

Schön», fährt Wilbur fort, «das Kind brüllt, und Lillian miaut, und es ist so ein Durcheinander, daß ich nervös werde, und ich denke, daß es besser ist, wenn wir erst mal aufs Dach gehen, damit wir aus dem Gestank rauskommen, und sehen uns das Feuer von dort oben an. In dem Zimmer liegt noch ein Mann auf dem Fußboden, neben einem umgefallenen Tisch zwischen der Tür und dem Bett. In der Hand hält er eine Flasche, und er ist mausetot. Natürlich liegt ja keine Marge drin, einen toten Kerl mitzuschleppen, deshalb nehm ich Lillian und das Kind und geh rauf aufs Dach, und von dort fliegen wir einfach los wie die Kolibris. Und jetzt muß ich unbedingt einen Schnaps haben», sagt Wilbur. «Hat einer von euch vielleicht was bei sich?»

Die Zeitungen sind am nächsten Tag voll von Wilbur und Lillian, besonders von Lillian, und beide werden als große Helden gefeiert.

Aber Wilbur hält dem Ansturm der Presse nicht lange stand, weil er dadurch überhaupt nicht mehr zum Trinken kommt, denn die Reporter und die Fotografen stürzen alle Augenblick auf ihn los, um seine Geschichte zu hören und immer wieder neue Aufnahmen von ihm und Lillian zu machen, und so verschwindet er eines Nachts, und Lillian verschwindet mit ihm.
Nach einem Jahr etwa hört man, daß er seine ehemalige Freundin, Lillian Withington-Harmon, geheiratet hat und daß er dadurch an eine Menge Geld gekommen ist. Und was noch mehr heißen will, er steckt das Saufen auf und wird in vieler Beziehung ein brauchbarer Mitbürger. Deshalb muß man zugeben, daß schwarze Katzen nicht immer Unglück bedeuten, wenn Wilburs Fall auch etwas anders liegt, weil er Lillian zuerst ja nicht für eine schwarze Katze, sondern für einen Panther gehalten hat.
Eines Tages begegne ich Wilbur auf der Straße, er hat einen fabelhaften Anzug am Leib sowie echte Ringe und Manschettenknöpfe und er ist überhaupt ein richtiger Dandy geworden.
«Wilbur», sage ich zu ihm, «ich denke oft, wie erstaunlich es doch ist, daß Lillian damals plötzlich so eine Anhänglichkeit an den kleinen Jungen empfand und daran dachte, daß er noch im Hotel sein muß, und dich beim zweitenmal di-

rekt zum richtigen Zimmer hinführt. Wenn ich's nicht mit eigenen Augen gesehn hätte, würde ich nie im Leben glauben, daß eine Katze genug Verstand hat, um so was fertigzubringen, weil ich Katzen für besonders dämliche Tiere halte.»

«Was heißt Verstand?» sagt Wilbur. «Lillian hat nicht einen Funken mehr Verstand als der dümmste Spatz. Und das ist noch nicht alles, sie hat nämlich für den Jungen nicht so viel übrig gehabt. Der Zeitpunkt ist gekommen», sagt Wilbur, «wo man Lillian endlich die Maske herunterreißen muß. Sie heimst Lob ein, das ihr überhaupt nicht zusteht. Jetzt werde ich dir mal die Wahrheit über Lillian erzählen, und die kennt außer mir niemand.

Die Sache ist nämlich so», sagt Wilbur, «als Lillian noch ganz jung ist, gebe ich ihr immer ein bißchen Whisky in die Milch, teils damit sie groß und stark wird, teils, weil ich nicht gern allein trinke, außer, wenn absolut niemand da ist, der mir Gesellschaft leistet. Zu Anfang macht Lillian sich aus dem Whisky in ihrer Milch nicht viel, aber mit der Zeit schmeckt es ihr ausgezeichnet, und ich mache ihren Cocktail allmählich immer stärker, bis sie schließlich eine ganz anständige Portion Whisky pur, auch ohne Milch, runterschlappt und sogar noch mehr davon haben will. Plötzlich wird mir klar, daß Lillian eine regelrechte Schnapsdrossel ist, genau wie ich damals, und daß sie einfach ihren Cocktail haben muß, und wenn sie dann einen Ordentlichen sitzen hat, zieht Lillian los und kauft sich einen Pekinesen und verbreitet überall Furcht und Schrecken.

Als damals nun das Feuer ausbricht», fährt Wilbur fort, «ist das ungefähr grade die Zeit, wo ich sonst morgens nach Hause komme und Lillian ihren Schnaps gebe. Wie ich aber ins Hotel reingehe und Lillian das erste Mal raushole, vergesse ich, ihr ihre Dosis Whisky zu verabfolgen, und der Grund, warum sie ins Hotel zurücksaust, ist natürlich, weil sie ihren Rachenputzer haben will. Und an der Türschwelle schnuppert sie nicht etwa deshalb, weil der Junge in dem Zimmer ist, sondern weil der kleine Bach, der unter der Türritze herausrinnt, nichts weiter ist als purer Whisky, der aus der Flasche in der Hand des Toten rausläuft. Ich habe bis jetzt das Maul gehalten, weil man die Erinnerung an einen Toten in Ruhe lassen soll», sagt Wilbur. «Trinken ist wirklich ein abscheuliches Laster, besonders dann, wenn man es heimlich betreibt.»

«Na, und was macht Lillian so in letzter Zeit?» frage ich Wilbur Willard.

«Von Lillian bin ich schwer enttäuscht», sagt er. «Sie hat sich geweigert, ein neues Leben anzufangen, wie ich das tu, und soweit ich zuletzt gehört habe, hat sie sich kürzlich an Gregorio, den

Italiano-Schnapshändler, rangemacht, der sie nun dauernd unter Whisky setzt, damit sie dem Köter von seiner blonden Puppe erst mal klarmacht, was ein Hundeleben ist.»

Berechtigte Übertragung
aus dem Amerikanischen

Jean-Paul Sartre
Aus: Zeit der Reife

Daniels Uhr zeigte zehn Uhr fünfundzwanzig. Er öffnete halb die Küchentür und pfiff. Scipio kam zuerst zum Vorschein; er war weiß und rot und hatte einen kleinen Bart. Er musterte Daniel streng, gähnte fürchterlich und machte einen Buckel. Daniel kniete vorsichtig nieder und streichelte ihm die Nase. Der Kater schloß halb die Augen und gab ihm leichte Tatzenhiebe auf den Ärmel. Da packte Daniel ihn beim Kragen und setzte ihn in den Korb; Scipio blieb regungslos und scheinheilig am Boden. Dann kam Malvina; Daniel liebte sie nicht so wie die beiden andern, weil sie Theater spielte und unterwürfig war. Wenn sie sicher war, daß er sie sah, schnurrte und kokettierte sie schon von weitem: sie rieb sich den Kopf an der Tür. Daniel strich leicht über ihren fetten Hals, sie legte sich mit steifen Pfoten auf den Rücken, und er kitzelte die Zitzen im schwarzen Fell. «Ha, ha . . .», sagte er ihn behutsamem Singsang, «ha, ha . . .», und sie rollte sich mit graziösen Kopfbewegungen von einer Seite auf die andere: ‹Wart's nur ab›, dachte er, ‹wart' nur bis mittag.› Er stellte sie wieder auf die Beine und legte sie zu Scipio. Sie sah ein bißchen verdutzt aus, rollte sich aber zusammen und schnurrte auch schon.

«Poppée!»

«Poppée!» rief Daniel, «Poppée, Poppée!» Poppée kam fast nie, wenn man sie rief; Daniel mußte sie aus der Küche holen. Als sie ihn sah, sprang sie mit einem kleinen gereizten Fauchen auf den Gasherd. Sie war eine Dachkatze mit einer großen Narbe über der rechten Flanke. Daniel hatte sie eines Winterabends in Luxembourg gefunden, kurz bevor der Garten geschlossen wurde, und hatte sie mitgenommen. Sie war herrschsüchtig und böse und biß Malvina oft: Daniel liebte sie. Er nahm sie in den Arm, sie zog den Kopf ein, legte die Ohren an und machte einen Buckel: sie war empört. Er strich ihr mit den Fingern über die Nase, und sie knabberte wütend und entzückt an diesem Finger; dann kniff er sie in den fetten Hals, und sie richtete ihr kleines, verdrießliches Gesicht wieder auf. Sie schnurrte nicht (Poppée schnurrte nie), aber sie sah ihm ins Gesicht, und Daniel dachte wie gewöhnlich: ‹Seltsam, eine Katze, die einem in die Augen sieht.› Gleichzeitig fühlte er, wie ihn eine unerträgliche Angst packte; er mußte wegsehn. «La, la», sagte er, «la la – meine Königin!» Und er lächelte, ohne sie anzusehn. Die beiden andern lagen stumpfsinnig nebeneinander und schnurrten; es klang wie Grillengesang. Daniel betrachtete sie mit boshafter Erleichterung: ‹Kaninchen-Frikassee!› Er dachte an Malvinas rosa Zitzen. Aber es machte allerlei Umstände, bis er Poppée in den Korb gebracht hatte: er mußte sie von hinten stoßen, sie drehte sich fauchend um und schlug mit den Krallen nach ihm. «Oha – so ist das?» sagte Daniel. Er packte sie beim Nacken und beim Kreuz und machte sie gewaltsam krumm, und der Weidenkorb ächzte unter Poppées Krallen. Einen Augenblick stutzte die Katze – da hatte Daniel auch schon den Deckel zugeschlagen und die beiden Vorhängeschlösser geschlossen. «Uff», machte er. Seine Hand schmerzte ein wenig; es war ein trockener, leiser Schmerz, beinahe ein Kitzel. Er richtete sich auf und betrachtete mit ironischer Genugtuung den Korb. ‹Eingesperrt!› Auf dem Handrücken waren drei Schrammen, und in ihm selbst steckte auch ein Kitzel; ein komischer Kitzel, der möglicherweise schlimmer wurde. Er nahm das Bindfadenknäuel vom Tisch und steckte es in die Hosentasche.

Er zögerte. ‹Ein schönes Stück Weg; heiß wird mir werden.› Er hätte gern den Flanellrock genommen, aber er pflegte seinen Wünschen nicht so einfach nachzugeben, außerdem wäre es komisch gewesen, rot und schwitzend im prallen Sonnenschein mit dieser Bürde rumzugehn. Komisch und etwas lächerlich; er mußte lächeln und wählte seinen violetten Tweedrock, den er seit Ende Mai nicht mehr leiden konnte. Er hob den Korb am Henkel an und dachte: ‹Wie schwer die Viecher sind.› Er stellte sich ihre unnatürlich ge-

duckte Haltung vor, ihre wütende Angst. ‹*Das* also liebte ich!› Es hatte genügt, die drei Lieblinge in einen Weidenkorb einzusperren, und sie waren wieder Katzen geworden, ganz einfach Katzen, kleine, eitle, beschränkte Säugetiere, die vor Angst vergingen – so unheilig wie möglich. ‹Katzen, bloß Katzen.› Er mußte lachen. Er bildete sich ein, er spielte jemandem einen Streich. Als er die Flurtüre öffnete, war ihm übel, aber nicht lange: auf der Treppe fühlte er sich ganz nüchtern, hatte darunter nur einen komischen schalen Geschmack, einen Geschmack nach rohem Fleisch. Die Portierfrau war auf seinem Treppenabsatz; sie lächelte ihm zu. Sie liebte Daniel sehr, weil er so förmlich und so galant war.
«Sie sind sehr früh auf, Herr Sereno.»
«Ich hatte Angst, Sie wären krank, werte Dame», antwortete Daniel zuvorkommend. «Gestern abend kam ich spät nach Hause und sah unter Ihrer Logentür Licht.»
«Stellen Sie sich vor!» sagte die Portierfrau lachend. «Ich war so schachmatt, daß ich, ohne auszulöschen, eingeschlafen war. Plötzlich hör' ich Sie läuten. Aha, sagte ich, Herr Sereno kommt nach Hause! (Nur Sie waren fort.) Nachher hab' ich gleich ausgelöscht. So gegen drei war's?»
«So etwa . . .»
«Aber – was haben Sie da für einen großen Korb?»

Jean-Antoine Watteau

«Meine Katzen.»
«Sind sie krank, die armen Tierchen?»
«Nein. Ich bring sie zu meiner Schwester nach Meudon. Der Tierarzt meint, sie brauchen frische Luft.»
Ernst fügte er hinzu:
«Sie wissen, daß Katzen die Schwindsucht kriegen können?»
«Die Schwindsucht!» sagte die Portierfrau entsetzt. «Da passen Sie bloß gut auf. Dann wird's aber leer bei Ihnen», fügte sie hinzu. «Ich hatte mich an die niedlichen Dinger oben gewöhnt, wenn ich Ihre Wohnung machte. Da werden Sie aber traurig sein.»
«Sehr traurig, Frau Dupuy», sagte Daniel.
Er lächelte schwermütig und ging. ‹Die alte blinde Henne hat sich geschnitten. Sie muß sich mit ihnen abgegeben haben, wenn ich nicht da war: dabei hatte ich's ihr ausdrücklich verboten, sie anzurühren; sie sollte lieber auf ihre Tochter aufpassen.› Er öffnete die Haustür, und das Licht blendete ihn, ein verdammt heißes, grelles Licht. Es tat seinen Augen weh, das war vorauszusehen: wenn man abends getrunken hat, ist man morgens verkatert. Er sah nichts mehr, er schwamm im Licht und hatte einen eisernen Ring um den Schädel. Plötzlich sah er seinen komischen verkürzten Schatten, dazu den Schatten des Weidenkorbs, der an seinem Arm baumelte.

Charles Baudelaire
Die Katzen

Die strengen Weisen und die Liebesvollen,
Sie mögen beide in der Reife Zeit
Die üppigen Katzen, Stolz der Häuslichkeit,
Die wie sie seßhaft sind und Wärme wollen.

Nach Wissen gierig und nach tiefen Lüsten
Sind ihnen lieb das Schweigen und die Nacht;
Zu Rennern hätte Hades sie gemacht,
wenn sie der Knechtschaft sich zu beugen
wüßten.

Beim Sinnen haben sie den edlen Stand
Der Sphinxe, die am Saum der großen Stillen
Sich reihn in Schlaf voll Träumen ohne Ende;

Von Zauberfunken sprüht die trächtge Lende,
Und goldner Splitter Spreu, wie feiner Sand,
Besternt das Weltgeheimnis der Pupillen.

Deutsch von Carlo Schmid

Louis-Ferdinand Céline
Norden

Auf ihrer Irrfahrt durch Deutschland hat es Céline, seine Frau Lili, seinen Freund La Vigue und die Katze Bébert nach Berlin verschlagen, wo der Chef des Reichsgesundheitsamtes, Harras, ihnen Unterkunft gewährt.

Da soll man vom Schlafen reden, wenn man geweckt wird! . . . «Achtung! . . . Achtung!» aus allen Lautsprechern dieser Keller, Büros, Korridore . . . ein Lärm, daß man glaubt, das Trommelfell und die Gewölbe gingen kaputt . . . Achtung auf was? . . . La Vigue fing gerade in seinem Sessel zu schlafen an . . . hatte nicht lange vorgehalten, unsere «Sicherheit»! . . . ihre Bequemlichkeit! . . .
«Ferdine, es stinkt!»
Von da oben, von der Oberfläche heulte das Huluuuu der Sirenen herein . . . ah, und die Rrrr! . . . Rrrr! der kleinen Salven . . . sie schossen wohl . . . auf was?
«La Vigue! Lili! . . . hast du sie gesehen?»
Sie sitzt nicht mehr auf dem anderen Sessel . . .
«Sie ist mit Bébert rausgegangen!»
Verdammt noch mal, er hatte sie gehen lassen!
«Du hast sie nicht zurückgehalten?»

«Und du?»

Wahrhaftig, ich hätte aufpassen sollen, ob ich müde war oder nicht, bis Lilis Manie, um jeden Preis rauszugehen, schnuppe war's ihr, ob es verboten war ... ein bißchen sehr leichtsinnig ... das hatte sie mir schon in Sartrouville geliefert, Bébert um elf Uhr abends an der Seine spazierengeführt ... auf dem anderen Ufer eine deutsche Patrouille ... natürlich schossen sie auf Lili und ihre Lampe ... paff! paff! ... am nächsten Tag fuhren wir ab mit der Ambulanz und den Säuglingen und der Feuerspritze und dem Stadtarchiv ... sieben Lastwagen ... Sartrouville ... Saint-Jean-d'Angély ... dieser Vorfall mit den deutschen Schüssen ... das Ufer gegenüber ... hatte sie sehr belustigt ... ich hatte ihr gesagt, was ich darüber dachte ... zum Teufel mit dem, was ich dachte! ... ich bin sicher, daß sie rausgegangen war, gerade weil es verboten war, und mit Bébert ... ich erwische meine Stöcke ... La Vigue folgt mir ... eine Treppe ... der Korridor ... hinauf ... der Tunnel ... ah, mir schwante so was! ... schöne Bescherung! toller Klamauk! die Luft voller Sirenengeheul! huuuuu! vielleicht ein Luftangriff? ... ich höre keine Bomben ... aber paff! und rrrr! Straßenkampf? vielleicht Fallschirmjäger, aber richtige, keine Spaßvögel wie wir ... das müssen Gewehrschüsse sein ... ganz nah ... ich rufe ...

«Lili! . . . Lili!»
«Hier! . . . hier!»
Ah, sie lebt!
«Biste verletzt?»
«Nein . . . aber Bébert kommt nicht mehr raus!»
Ich brülle zurück:
«Kommt wo nicht mehr raus?»
«Da, da! aus dem Loch da!»
Ich humple hin . . . oh, Lili hat ihre Latüchte an! ein Licht! . . . fast ein Scheinwerfer! sie erhellte das ganze Unterholz . . . sie hat Leute angelockt, mindestens zehn stehen drum herum . . . begucken das Loch zwischen den Ziegelsteinen, unter dem Dorngestrüpp . . . zehn bärtige Volkssturmmänner . . . Lili kümmert sich nicht drum . . . sie ruft Bébert . . . er muß in der Vertiefung unter dem Gestrüpp sein . . . Harras! . . . da ist er! . . . zum Glück! . . . und sehr guter Laune! . . . und in einem anderen Morgenrock, orange und violett . . . er sammelt sie! . . . was hat er sich nicht alles aus Lissabon mitgebracht! . . . er kann einen Laden aufmachen! jedenfalls geben wir ihm was zu lachen! . . . er zeigt auf die Streifen in den Wolken! wie das aufgeregt den Himmel bestreicht! großer Alarm! . . . dabei haben Lili und die Volkssturmmänner ihn aus gelöst! zu komisch! . . . und typisch französisch!
«Ah, liebe gnädige Frau, ah, mein lieber Cé-

line! . . . Madame hat die ganze Flak von Berlin alarmiert mit ihrem Lämpchen! ooch! . . . ooch! . . . sie werden mit Kanonen schießen! Sie werden sehen! ooch! . . .»
Mir bleibt nichts übrig als mitzulachen . . .
«Die Volkssturmmänner des Parks haben auch geglaubt, Madame sei ein Fallschirmjäger! haben Sie sie gehört? . . . sie haben ins Gebüsch geschossen! zwei sind verwundet! . . . oooh! . . . ach! . . . völlig verblödet, unser Volkssturm! . . . Angst haben sie gehabt vor Madame! . . . und vor der Katze! . . . sie haben die Flak alarmiert!»
Tatsächlich, in den Wolken sind jetzt mindestens hundert Lichtkegel . . . im Norden . . . Süden . . . Osten . . . suchen das Geschwader . . .
«Unsere Flak ist ebenso verblödet! Herr Kollege! . . . ebenso dämlich wie der Volkssturm! . . . sie sollten die Löcher anstrahlen! hierher! . . . hierher! . . . er ist nicht am Himmel, der Bébert! nicht wahr? er ist unter den Ziegelsteinen . . . ich werde die Flak anrufen . . . sie sind nicht weit von hier! . . . in Potsdam! sie können es! . . . sie haben einen Turm! . . . und einen Scheinwerfer . . . für die Patrouillen! . . . kennen Sie? . . . Sanssouci?»
«Telefon, Otto! . . . Telefon!»
Der Offizier von vorhin, Otto . . . er trägt eine sehr dicke Spule auf der Schulter . . . er

T.-A. Steinlen

kommt . . . spult sie ab . . . Harras nimmt den Hörer . . .
«Hier! . . . Hier Harras!»
Harras spricht . . . das muß ulkig sein . . . von uns spricht er . . . zu jemand bei der Flak . . . das ist zu drollig! . . . ach! . . . ach! . . . ooah! . . . der SS-Offizier nimmt ihm den Hörer und den Draht ab . . . sofort senken sich die Lichtkegel . . . aus den Wolken zu uns herab! . . . auf uns! . . . schräg . . . einer zuerst . . . dann drei! . . . dann alle! . . . wir können wohl sagen, daß wir jetzt klar sehen! . . . es ist heller als am hellichten Tag! sogar durch das Gebüsch kann man hindurchsehen . . . eine fahle Helligkeit . . . auch die Soldaten sind fahl, und die Ziegelsteinhaufen, und der Harras . . . mit seinem Morgenrock wirkt er wie ein riesiger Schneemann, von blendendem Weiß . . . nur seine Lippen sind schwarz . . . ich frage ihn:
«Werden sie uns jetzt beschießen?»
«Noch nicht, Herr Kollege! noch nicht!»
Ein Bombenspaß . . .
Bébert interessiert ihn . . . wo kann er bloß sein? verdammte Kratzbürste! aber da ist er ja! hinter einem Baum! . . . er machte sich nichts draus . . . Lili hielt ihn an der Leine, ein Sprung, fort war er . . . noch ein Sprung durch das Gestrüpp . . . er guckt uns an . . . er hatte etwas . . . eine Ratte! . . . die Ratte war noch warm . . . er hatte sie beim Nacken ge-

schnappt . . . Harras sieht sich die Ratte an, dreht sie um . . .
«Die da ist nicht an der Pest gestorben!»
Er schlägt vor: «Geben wir Bébert einen Orden?»
Zuallererst putzt sich Bébert . . . er überläßt uns die Ratte! . . . er fängt beim Schwanz an . . . leckt und leckt! . . . dann eine Pfote! . . . und dann die andere . . .
Stumpfsinnig, die Volkssturmmänner, die die ganze Flak alarmiert haben! . . . zugegeben, Lili ist auch dran schuld mit ihrer hellen Taschenlampe! Bébert blufft jetzt mit seinem so sorgfältigen Putzen . . . über die Nase, über das Ohr . . . unter den Lichtkegeln am Himmel, Scheinwerfern und Flak, die auf ihn und seine Ratte gerichtet sind . . .
«Er wird sich über's Ohr streichen!»
Verkündet einer . . .
«Wenn er drüberstreicht, gibt's Regen!»
Das ist die große Frage! alle Volkssturmmänner sind der Meinung . . . tatsächlich, er streicht sich drüber! . . . und noch einmal! und dreht's sogar um! einmal! zweimal! kein Zweifel! da haben wir's!
«Leutnant Otto! Telefon!»
Otto kommt mit seiner Spule zurück . . . Harras macht's einen Bombenspaß . . . er teilt der Flak mit, daß es Regen gibt, daß Bébert sein Ohr umgedreht hat, sie sollen alles ausmachen! sie tun's!

. . . da ist nur noch die kleine Taschenlampe . . . wir kehren in unsere Höhlen zurück . . . und zu unseren Butterbroten und Sesseln . . . für jeden liegt ein dicker Morgenrock bereit . . . sogar dasselbe dicke Frottiertuch wie der Harras . . . ebenso wie er, rot und gelb, geblümt . . . wir ziehen unsere Windjacken aus . . . uff! und gerade die Zeit für ein belegtes Brot, für zwei . . . man hätte ein bißchen schlafen können . . . sogar Bébert . . .

Deutsch von Werner Bökenkamp

J. R. R. Tolkien
Katze

Die Katze, feist auf der Matratze,
Träumt sie, wie ich's ahne
Von Mäusen in ihren Gehäusen
Oder von einem Napf Sahne?
Nein, sie ist Gedanken hingegeben
An ein früheres Leben,
Als Katzen, schlank und mit scharfen Tatzen
Jagten, brüllten und mit Grauen erfüllten,
Die Opfer, die erschreckten,
Deren Blut sie schleckten:
Die Rinder und Inder.

Ein gewaltiger Löwe mit faltiger
Pfote, darin die Kralle, die alle
Fürchten wie Mähne und Zähne;
Ein Leopard, der sterngescheckt, gern versteckt
Nach seiner Art
In der Astgabel harrt,
Dann der Sprung,
frei, wild und jung –
Vorbei. Lahm und zahm
Feist vor der Schüssel mit Rahm
Auf der Matratze die Katze,
Die ein Haustier ist.
Und nicht vergißt.

Deutsch von Hans Georg Heepe

John Tenniel

Für Abdruckgenehmigungen danken wir den Verlagen Allen & Unwin, London, für J. R. R. Tolkien, «The Adventures of Tom Bombadil» / Verlag Die Arche, Zürich, für Axel Eggebrecht, Katzen. Vom Autor revidierte Neuausgabe © 1967 by Verlags AG «Die Arche», Peter Schifferli, Zürich/Diogenes Verlag, Zürich, für Saki, Die offene Tür, Copyright © 1973 by Diogenes Verlag AG, Zürich (dtb 62) / Verlag Karl Heinz Henssel, Berlin, für das Gedicht von Joachim Ringelnatz / Wolfgang Krüger Verlag, Frankfurt a. M., für Damon Runyon, In Mindy's Restaurant (Guys and Dolls)/Suhrkamp Verlag, Frankfurt a. M., für T. S. Eliot, Old Possums Katzenbuch und für das Scherzgedicht von Hermann Hesse/Verlag Paul Zsolnay, Wien, für Colette, Friede bei den Tieren, © Paul Zsolnay Verlag GmbH, Wien/Hamburg 1953, und Rolf Sellin für «Die Katzen lieben Chopin».
Die Werke von L.-F. Céline, Ernest Hemingway, Alfred Polgar, Jean-Paul Sartre und Kurt Tucholsky sind im Rowohlt Verlag erschienen.
Bildrechte. Pierre Bonnard: SPADEM, Paris / Bild-Kunst, Bonn / Olaf Gulbransson: Albert Müller Verlag, Rüschlikon / Rudyard Kipling: Paul List Verlag, München / Ronald Searle: Ronald Searle und Tessa Syle, London / T.-A. Steinlen: SPADEM, Paris / Bild-Kunst, Bonn / Felix Valloton: SPADEM, Paris.